bei DELP

EPIZYKLISCHE GÄNGE

VON

1972

MISSA MUNDANA

WILHELM DEINERT

INHALT

1 LITANEI 7
2 SEQUENZ 11
3 TERZETT 27
4 PARTITA 41
5 PENTAGRAMM 55
6 ANTIPHON 61
7 SONATE 69
8 STANZEN 79
9 KANZONE 87
10 BALLETT 101
11/12 DOPPELKONZERT . . . 147

1

LITANEI

Es ist ein **lehm,** was klebendes das fäden zieht —
    Bänke von samen ein weisslicher belag
    Und milchige gerinnsel unter molkeseen;

Ein **leim** der ausflockt, ein zellglas voll dotterweben und gesicht —
    Von sonnentupfen, die über die algen ziehn,
    Entbundene knisterblasen perlen die tümpel an;

Ein **lab** von unrast schlangengeist ist in den teich geimpft —
    Es drust einen findeduft von durst zu durst
    Und weitet die himmelhaut, eine lichtprielgeäderte
    Schoossinnenwand, um den eigenen werdeschlaf;

Der **laib,** lebzelten den die sonne sticht, geht auf —
    Aus einem pilzgeflecht, zahn unterm zahn
    Sind keule und schlauch, die die zitzen nach innen säugt, gestemmt,
    Sauger und suckelmund, die voreinanderstehn;

Lab dich, muttertier erde leidet den euterschmerz —
    Olme und grottenraum, gaumen-ein
    Taumelnde kolben mohn,
    Ein gaumen um den gaum;

Leben, ein immertrüb von lautertrank aus einem hefegrund —
    Ein Phoenix, der aufersteht in einer dotterhaut
    Aus lidern wimpert den nestbrand aus hintersonntem
    Bluten in ein lichtrad nach innen auf;

Die **leber,** rätselrot, braut ein fron von blut —
    Der alp von innen brütet das beet aus talg und horn
    Und presst das mondkalb an den tag,
    Ein fischgesicht das lullt und wiederkäut;

Laubwerk, ein wiegenbaum mit schunkelarmen voll genist —
    Am leitseil aus lockduft gängelt den fühlerfleiss
    Ein kemenatenton und weift das maass
    Zum turmbau, am duftrain über ihr entlang;

Lauben aus lindenduft in einen bienenton geseimt —
    Ein leuchtfisch um korallen weidet den schein
    Greifer von tang entlang; die slalomflüge
    Häkeln die schwalbenbauer der bläue aus;

Nehme vorlieb, gib was sich gibt, bleib weil es mitverzieht —
    Der einbaum wiegt ein brautgemach
    Den schattenstrom hinab, die stirn
    Lässt in die eichennacht ein weisses haus zurück;

Der leib mit lungenflügeln fächelt das stundenmeer —
    Atmendes flooss, ein träumerhaupt auf einem rost von
    Saiten der wellenharfe möven- und delphin-
    Umspielt, rötet die inseln die vorüberziehn;

Lippen am singestrom, perlmodelnder muschelmund —
    Die säule des feuchten aus den nüstern des erdenwals
    Mit flimmerspitzen von seele benetzt
    Das ammonshorn der gestirne mit sprühwind und weiderauch;

Hervorgeglaubt: steigbilder von säften in eine fliesswand gelaubt —
    Eine grundsee aus den flügeln der schleuse, stirn-einwärts gedreht
    Von hinter den augen umsteht das gesicht
    In tigerformen, hebt fänge und reigt
    Um die zeigende gerte des bändigers;

Das lob, radleiern der herzen von den rändern der sterne gegeigt —
    Aus einer samenrune mit zahllos
    Ziffernden händen gefasert ins all
    Der baum der gene erbaut ein geäst
    Von gedächtnis, ruhmleuchter aus zeichen gewirkt;

Sich einverliebt, schweissendes bogenlicht auf einem kohledocht —
    Zwei spiegel zum windschutz um ein winziges licht
    Ineinanderhinein in klüfte voll sonnen
    Vermehrt — zwei bluter des lichts zur steigenden kugel
    Am haltseil der aufspur in das umnachtende verströmt;

Leben ist was das leben lässt, ein **urlaub** lebewohl —
    Ein sonnentupfen und fliegender same am fallschirm
    Aus sommerseiden quert durch die bläuliche
    Schleppe des sterns, ein schlagender flügel
    Ist am leimring der erde verklebt aus tau und lehm.

2

SEQUENZ

I

Ein lichtpunkt
eine nadel eislicht

                                              in eine wattewand
                                              sie hinternachtendes

die dem taufall ohne blatt
eine schwarze rose unterlegt

                                              dem steppenwind von oberhalb
                                              Saturns ein dürsten unterlegt

von der perle die nacht ist
zur mutter gewendet — zum augball von einem
funken der ihr entsprang

                                              eine blase voll auftrieb — die luft ist dünn —
                                              tritt aus dem hüll-
                                              und wasserdruck und sucht ein dach

fliegender vogeldunst für einen tau zieht um —
netzt andere weben, einen schlafbaum
voll zwitschernder sterne hervor

                                              treibt Äon sein murmelspiel —
                                              ein tropfen kinderspeichel
                                              tanzt und verzischt
                                              auf einer ofenplatte

läuft seine wolle durch
das flämmchen nu —
ein fahnenseil ohne mast
das die sekunde hisst

        ein lot das umläuft: ein riemen am spinnrad
        das die eigenen speichen spinnt —
        ist ein garnstern, die dornen
        durch die eigene felge gespiesst

ein fuss der vor sich her
den läufer zeit entrollt —
die wunde, ein roter stift
in das verrinnende getunkt
leuchtet das strombett auf

        sind an ein brunnengas, in dem
        der sinkstoff, graupelnde aschensaat
        in flocken aufersteht
        gelegt — so leuchtet ein inselbrand
        wabernder zinnen auf

in bilderschrift, vom sommerbrand geschuppt
sich abzuwickeln, sich in den sonnenwind
verwittern, ein filmband aus stationen von
sich abgezogen hintenaus
ins neuland vergangenheit gebrückt

        blätterfall in dich hinein
        das laubdach eingeerntet, herbst über herbst
        in blütengelb des todes ausgefärbte
        schnuppen des lichts mehrt seine untermast
        ein lohwald aus farben — ein blütenboden unterm lid
        blüht sterne aus, zur innren seite aus

die strichelung der schwere kreuzt
ein punkt von eigensinn
und tanzt den einschlag
eine mückenspur
trillernder fäden
quer zum passat des falls

        die rillenschrift des lichts: bald ausgestrählte
        klatten des fliessenden..
        der fallweg ist lang, die schwere
        bügelt die krausen aus und unterschweigt
        einen ton von dauerregen, der alle stimmen
        in sich genommen hat

II

Auf einer willkürspur
von wasserläufern, das schlafmeer teilend
behält ein schläfenton
das widerwort — ein schwimmender herzpunkt
im eiklar der mondlichtnacht
hämmert und zuckt

                                              den trommelruf
                                              der grillen aus dem gedörn
                                              der pinienkronen . . schwingender innenraum
                                              richtet die säulen auf
                                              zur wasserorgel
                                              eines monsuns

schleifen von orchideen —
aus bändern der verfeinerung
sprengt ein oboenton
den kettentanz der klage

                                              im flageolett zum ichton, überton
                                              des tons an der lippe des winds
                                              überblasener hohlraum — und schleifton
                                              seiner vermeintlichkeit

schwingbar besaitete, aber vom raubgriff
hinter den steg
der den kreischton der widerlegung
entpresst, hintergangene stimmbarkeit . .
das gongspiel des schwesterlichts
ist in ein kraterfeld, ein mondvliesvermeintes
lammfell trommelhart vernarbt

                                              zeitunbenetzt
                                              fruchtwassereingebettet
                                              liegender inleib
                                              der singlauscht in mir mit schweigezügen, teilt
                                              ein brückenkeil den schlaf
                                              und dämpft ein pfeilerbeben
                                              in seinen eigenton

das haus ist ohne dach:
einer liegt, scheintot und deckellos
in seinem sarg — waidwund weitoffene
augen die kiemenschächte
bis in das mark, in die der sturz,
ein abgrund aus zukunft in den zenit
sich bricht — der krallengriff des lichts
hakt ein und wirbelt an trillerfäden
am quirlenden dachrand der sonne um

                      findiges schlangensilber
                      fedrig geteilt
                      durch die mäanderspalten —
                      den eigenen käfig
                      zur brünne, nämlich
                      die blitze umgebogen
                      zur wetterhaut
                      die nirgends sicherer
                      als in den gewittern hält

oder da war
die nebelwand und du der ausfiel
ein tastendes florett
stufen hinan die es nicht gab, verkämpft, den stoss
in wetterfalten ohne schoss
zurückvergeudet — ein fühlerndes zünglein an
der schlange ist eingeholt — wenn auch nicht beutelos:
ein prüfstab voll anschuss, kristallisiertem
abschaum und umgeschmolzener
erden, aus der speise zurückgezogen

                      so hier
                      nicht aus dem haus
                      wie dort gefallen, schoss in den schoss
                      in die nieren gerollt — ein schallraumgewordenes
                      infach der flanken, das den herzton verstärkt
                      und weitergibt in eine sich weiter
                      brückende samenschleife
                      aus plasmen der zeit
                      eine wehende herzspur
                      den durchstrom überformt

was unterm zwerchfell haust —
es dünt wie ein pferdeleib
unter der satteldecke — wer reitet wen?
mit einem zähneknirschen im genick
und knutet die botschaft
die er selber nicht kennt ans ziel
(sich selber, den eigenen steckbrief
im mantel- und madensack:
einen saugschwamm voll angelebtes
und sauerschlacken, in gichtiger knotenschrift)

                                                entknotet —
                                                die schlange durch sich selbst
                                                hindurchgezogen —
                                                auf tintenfisch
                                                nach innen ausgeholt
                                                ein abgewölk
                                                voll hemmstoff und müdigkeiten
                                                aus den lummen der beuge
                                                von sich selber abgestossen — also
                                                durch sich hindurchgetaucht

III

Sich selber aufgegeben
den senkflug ausgedehnt
an senken ohne wind gelassen durch
ein tief von stille ziehn
für eine niederkunft:
eine lunge voll überdruck — um wieder nur
ein meer das ansteht
und den einlass erpresst, getauscht

                                            auf vorbesuch —
                                            auf den kehren der atemschaukel
                                            die der ferge nach hüben treibt
                                            den pendelkahn
                                            an seilen des hängebaums
                                            nacht-ein und -aus

sprungbrett und gegenstoss
der eigenen sohle
unter dem fuss
an der felge der wirbelsäule
durch seine Zwölf geschwungen — und
hindurchgetaucht, den sturz
in den auftrieb umgewendet:
unter die wasserhaut, eine brünne
aus gebrochenem licht geschlüpft
in einem ball
flüssiger wassersonne
um silberbräune —
für eine gelegenheit
dem licht zu stehn

					ins wellental
					das unterm rücken dünt
					geschmiegt und mitgehoben
					die nadel der winde unter denen
					das meer sich dreht — zugleich
					ein seestern am grund,
					sternbild drei bläuen tief
					in den zenit versenkt
					zu sein

	den leeweg auszuleiten —
	eine steigpost der augen die drachenschnur
	hinan, an seiner statt den schild
	zum giebelfeld der luft
	erhöht — federnde reifen
	mit einer silberschelle Ganymeds
	auf eine hinterste schneeweisse zinne zu —
	die brennende rügescheibe
	an unbekannt
	die talnacht auszuloten
	um vergewisserung
	des gegenhangs

					dies abgewunken
					von hand des Alten tun
					der zeuge war, von sohn zu sohn
					(ein halbtier drinnen
					das unterm zwerchfell haust,
					ein serum von verzicht aus jedem
					wundbrand behielt
					und in das erbe flösst)

	oder das seil
	um eine zacke steil
	vorauszuwerfen das im forellensprung
	über der klippe stünde —
	das wandervolk
	um eine stufe
	weitergezeugt, das alte wehr hinan

vom sehweg ausgelenkt
ein einwärts verhaltenes
leitkorn von eigenlicht
durch salz- und seitengänge
verfolgt, das durch die schichten strahlt
sich selber auszuloten
den bergstrom mitbefahren und mitgezählte
jahrmyriaden der sekunde
im urgestein
der lendenwirbel
ticken zu hören

den baum
durch sich hindurch
einen auftrieb der schon
des nächsten ist
unter den achselhöhlen —
und überholt
eh man beginnt (denn der sommerkreisel
ist schief gestellt: sommerbeginn
wenn die tage kürzer werden)
palmblatt und aloe
die wedel abgesenkt — verdrängt: sich selber
erntende schnittersägen
in die lagen der zeit gelegt

fruchtfleisch vergangenheit
aus hirn der samen — ein wimperkamm
erntender strahlen
strählt durch die sommerkronen
und liest die namen ein —
ein blätterkreisen
in farben der nachglut
fährt auf der lethe fort
auf einem augengrund —
der zellenschmelz, ein schläfriger auszug
wie malz fliesst in den waben um

IV

Ein summkorn und ichpunkt
auf einer mückenspur
zwischen linnen und binnenohr
verfangen wachgepresst
hämmert und schürt
den herzsturm der mondlichtnacht —
glimmkäfertanzendes
hinter den schläfenbeinen
strichelt den lichtriss, ein eingeflogenes
tagbild der augen nach

                                      ein mauerglühn
                                      zum trommelruf der grillen
                                      im dornwald der pinienkronen lässt
                                      ein aderrauschen durch
                                      die aquädukte gehn —
                                      ein schlagender samenstrang
                                      wand neben wand
                                      langsame wagenzüge
                                      der gräberstrassen
                                      ziehn durch den Venusberg der nacht

die orgelströme
des einen monsuns
durch sich hindurch:
ein mundstück des augenblicks —
schwingraum genug
für eine lippenspur,
eine mundart des munds
den hauch in einen
namen am ohr
zu überformen

                              dem atem vom mund genommene
                              worte so wie gewonnen so
                              dem atem in den mund gelegt..
                              schüttendes birkengelb
                              in das verrinnende
                              leuchtet die windspur auf —
                              ein inseltreiben
                              langsame unterseen hinab

zwei bänder am einen
kehlstrom der luft..
ein drittes unter zwein, so ging
der springton zwischen glas und glas
hervor, der die sekunde hisst —
ein singspan abgehoben
vom federzug der augen
an den konturen um
schweift sommerfädig und
tanzt einen lichtvers,
eine segelnde schlängel vor

                              der kettentanz der schwere
                              lehnt seine klage auf und sprengt
                              eine kehle von gneis
                              aus bändern der verfeinerung
                              das linienspiel der grate
                              in kantilenen vor die nacht

eines des anderen
mückenvoraus-
tanzender lichtwahn, ein umeinander-
taumel der lockflucht
falterpaarweise
höhen hinan die es nicht gab —
und kugelpaar
am wurfseil der bola
um ein ziel, das es nicht gab, geschnellt

                        ein schwerefeld
                        aus heimruf, wiederruf
                        richtet die witternadeln, ein ausgefälltes
                        locksalz im blut
                        nach seinem strich — der taumel der fliehkraft
                        ist heimgebogen, ein bienenfarbiger
                        bronzefries (eine zwinge Saturns)
                        schwingt um den sommerstern

auf seilschaft
querzeitenein, ein wehr aus
reissender zeit hinan
im paargang, hangelgriff
eines dem anderen voraus
und hinterfangen: *gib*
mir wo ich stehe —
du bist mein ort,
nur von dir fort
und wieder zu dir, weiss
ich dass ich gehe —

                        flechtenweise
                        sich einverwurzelnde
                        schritte von wachstum
                        des einen geflechts
                        eine klimmwand, nebelwand hinan..
                        tastende nadelrechen
                        filtern die rieselung —
                        harze und moosgeruch in eine schnee-
                        und kreideluft
                        duftet die windspur auf

äsendes
standwild der bäume
um das der wind sich teilt
schmiegt seine wechsel in die luft —
siebende wurzelwerke
ins strombett der muren
gesenkt, ziehn die gebirge
dem unterhin

                                      für eine wellenrast:
                                      fussendes nadellicht
                                      umfrühter kronen
                                      zündet die wipfelzungen —
                                      ein stehender taggrat
                                      ist in die heidenacht gebrückt
                                      durch den die gipfel ziehn..
                                      wiederleuchtende
                                      türme um die das meer sich dreht
                                      leuchten die häfen aus — der wind
                                      singt in den masten auf,
                                      wenn sie vor anker gehn

endlos errichtete
pfähle in die verwitterung
an eine schossgier ohne schoss
zurückvergeudet..
der absprung ist eingeholt,
das sprungbrett schlägt zurück:
aus den beugern der erde
hervorgekrümmte
sehnen des riesenarms
in vipernacken auf eine weisse
ferse gezückt

                                      nämlich es schlägt nicht ein, sondern der blitz
                                      fährt aus dem baum.. Der same beginnt
                                      sobald ein schlangenzahn von keim
                                      nach innen ausholt
                                      von sich selber abgestossen
                                      und ausser sich verhakt
                                      sich aus der schale zieht

V

Durch eislicht
nüchternde nadelluft
stiegen wir anwärts: über der schattensenke
noch ohne wind
stand wie ein atembausch vorm mund
ein lichtball wolkiges und brach
einen perlweissbewimperten
duftsaum der morgenlücke
vor eine gegenwand
ihn hinternachtendes

                                    und traten eingeholt von dem
                                    in ihn hinein: die frühe schien
                                    milchige augenlider wieder zuzuschlagen — es ging
                                    durch ein sämiges rieselmeer, dämpfendes wattelicht
                                    langsam geteilt, in tälerkerben
                                    zog über die weidemulden,
                                    ein feuchtgraues glitzerwatt, das in den augen wehtat —
                                    farntang am grund und ein belag
                                    verwitterung wie dünner schlick
                                    war um die hütten

gegen die scheitelstunde
in lockerung
seitlich oktoberlich beschienen:
steigende ballen
aus lichtrauch
in mandelformen
gaben die sockel ab
für eine mövenrast
der augen

                                    durch sie hindurch
                                    war noch ein gegenhang
                                    dunstübersponnenes
                                    zu sehn: ein wackliges
                                    gerüst aus pfaden und
                                    gewannen, umwegig in den wind
                                    gestückt — die kriechende wurzelschrift
                                    der zäune
                                    und wettertannen

aus verbundenen
röhren des luftraums
schrillende wasserkünste
schleiern den lichtwahn
in sommerformen — schnüre von düften,
die triller aus flimmerlicht
masern dem mückentanz
die bahnen vor

                                              in dämpfendes öl
                                              gebettete flimmerschläge
                                              der willkür . . In den platten des urgesteins
                                              summt ein magnet
                                              den orgelpunkt
                                              und strichelt ein schwerefeld, eine verschleierung
                                              aus schlafdunst über die farben und
                                              fernsicht der lücken hin

vom sonnenbrand
gehäutete risse
der heissluft in bilderschrift
von wellen, ein weichbild an das bild
schaufelt ein radkranz
die orgelpfeifen, ein seiten-auf-
gefächerter goldschnitt, tagschluchten-aus und -ein

                                              nachtschichten-ein und -aus:
                                              ein schläfriger auszug
                                              wie öl und lake
                                              laugender bodenwasser
                                              durch ein sinkrost von bohlen — die römerwege —
                                              in farben der nachglut
                                              kahmt sich ein lid.

3

TERZETT

      I   **II**   **III**

Ein pinselhieb

                        Der hermelin der stille ist

                                              Ein heil- und winterschlaf

weiss über weiss

                        befleckt

                                              legt seine watten auf

das wedelnde schriftband
der bögen in

                    die weissen moose
                    über den härten sind

                                              berge von mull
                                            auf seiner kunkel —

ein einerlei gestemmt, das sich

                    zerwühlt
                    und bluten unterm
                    eisernen huf — —

an diesem namenszug

                                            solang
                                          samt allen kinderburgen

                    Herzen genannt
                    emsige ruderfunken

                                            kein tauwind über nacht

in einen küstenglanz
schartiger buchten bricht — —

                                                                                   den ganzen bausch

                           im würgegriff
                           des eises

                                           in ein luftmeer voll strichglanz
                                         und schwebeseiden
                                         verspinnt wie pusteblumen —

Wer überlistet wen —
durch eine meereshaut

                                                          ein vorgeplänkel

aus sünd- und sommerfluten
würde die silberflosse einen falz
aus licht

                                         aus den kanonenrohren der vesuve
                                         hierher gerichteten

vielleicht ein wagenlenker

                                               liegt in der luft

auf kurvenden wasserkufen

                         die schlaflose breschen ziehn —

                                           und hat den vortrab aus dem spalt

oder tellern der hand sogar

                                                 gelassen — —

                        kohle genug
                        um sich ein grab zu taun

ein doppelgespann
flüssiger mähnen vor sich her
preschend, vorüberziehn — —

                        dies igelhaus

                                        Wer wirbelt wen —

                  um eine herdstatt in den schnee — —

Es gibt die flügelschuhe

                                   ein fahrender kreiseltanz

kiele von hohlschliff unterm fuss

                                   vor der schmicke des winds
                                   tanzmeisterwinds
                                   braucht wanderlaub

der zirkeltänzer

                                   um zu erscheinen — —

unter denen singt

                  Scheinwebender farbstrahl

das eis

                  ein wunschbild oasenlicht

                                   Wunschlicht gedankenlicht

in obertönen — —

                  vor der gefrorenen wimper her — —

                                   lasert ein schirmtuch
                                   eine schirmende mantelwebe
                                   in gitterfarben —

Gelächterfunken

                                   die aber die blatte
                                   des wintermunds

einer kehle voll ingrimm

                                                                    ein glühstrumpf der kälte ist

von bickelhieben

                                                                    die ein bläulicher atem schürt — —

                        In das eigene fleisch

noch aus der gletscherwand

                        kehrende nagelhiebe

                                                                    Hydraulisch auf sich selbst gezogene
                                                                    stösse der ellenbogen

                        des kletterers
                        vom eigenen steigseil

                                                                    aus raumnot und flankendruck

geschürft — —

                        an seinen Kaukasus geseilt
                        der dort den falkenwunsch

                                                                    der ganzen welt — —

                        verbüsst — —

Die spektren der sonne

                        Das schillernde herz

                                                                    Ein überkreuz von bahnen

von flügelunterseiten

                        eine schale voll auftrieb
                        und überdruck —

                                                                    reibung der wellen an
                                                                    den prismakanten
                                                                    des alten eisbergs

in schnuppen abgeschuppt —

                    du kleiner blasenfisch
                    wenn du nicht unten bleibst

ein falkenspiegel
von stufenlast

                                    zerrieben wundgerieben

                  es sprengt die wasserscheide

von der man ab, sich selber

                  zwischen meer und meer

weiter hinaus

                            in die palette
                            des gebrochenen lichts —

gestossen hat,
läuft um

                                die wand

für dich,

                                ist ein hohlschiff

der sein verglühn

                                gestreckter spiegelungen

in die antennen

                                ein aufgewimperter
                                rohrwald von orgelpfeifen —

selber heraus

                                zwischen klinge und schliff
                                wimper und sonnenrand

aus drahtlosen netzen wirft — —

                  eine taucherspur perlend — —

Die maibaumbänder

                                                                                     errichteter sprühkamm
                                                                                     der farben

für den bandeltanz

                                                                                     siebengestrichenes
                                                                                     ultramarin und violett
                                                                                     gibt es darin — —

sind dehnbar aber reissen nicht —

                              Kehr um, Bellerophon

                                                                                   So rauscht der adlerflaum
                                                                                  auf dem barett

das glücksrad ist

                              der flaschengeist —

                                                                                   ein gamsbart hinterm ohr —

ein wenig verschroben
aber mahlt:

                                                                                  ein wedelnder blondschweif
                                                                                  rot über weiss

                              eine lunge voll heimweh
                              und atemnot —

                                                                                  unterm rebrett der wächte
                                                                                  schärfte den torlauf

bergauf

                                                                                  in aberhundert
                                                                                  richtende augengläser —

ist es ein sessellift

                                                                                  finten des niederwilds:

abwärts in edelschwüngen

                                                                                  ein stöberspiel der lawinen

auf geschniegelten pisten

                denkt an sich selbst und
                tut der belagrerflut

                                wie Hussa-rufe

                die riegel auf – –

                                von hang zu hang

ist aber ein umweg

                                einander

eingeräumt – –

                Kindbetterin Erde

                                in den fang geworfen – –

                hüllt um den heil-
                und reueschlaf

                                Faultier chamäleon

                ein kindel-
                wiegendes abendrot

                                hockt auf dem felsenast

                und bietet die dauerbrust –

                                und ebenweiss getarnt
                                mit langer zunge leckt
                                die armen würmer ein – –

                leg nicht den ammenstolz hinein

Wenn nicht den stapellauf

                kind bist du wenn du trinkst
                kind wenn du schmollst und

                                ›**K**omm stierchen pack' mich

                gingst – –

                                es geschieht dir nichts

vom schaugerüst der schanze

                                                                       da bist du ja stierchen

der einen namen lang

                        Nicht ganz vertan:

die fliegende geste
des siegers meisselt

                                                  siehst du mich stierchen

                     die büffelstirn der grate

                                               bist du denn müde feigling‹

                     hebt rotbekränzte hörner
                     aus dem triumph

unter die himmel der
erinnerung — —

                     und richtet den spiegel auf

                                             an der gebogenen tänzerhüfte

Nämlich er setzt den fuss

                                               vorbei
                                               für dieses mal

auf einen hörnerwulst

                     die oberhand der fluhn

                                           schäumt eine pracht aus wut
                                         und ›warte nur‹

                     von dem hinausgehalten

und landet hinter ihm —

                                             zum himmel — —

                     steht eine zitternadel

zum übertritt

                          in die geschiedenen pole ein —

auf einen satellit
vergangenheit

              wie gletschermilch
              geht aus dem waidbett unterm fuss
              der siegerwand hervor

wo man die brücke zieht —

                                Als ob

              ein trägerzug
              der eine bahre flösst

eine trophäe seiner selbst

                            doch noch ein körnchen
                            salz der erinnerung

ins pharaonengrab

              eine linnen-
              weiss über weiss

                            an diesen schneekristall

              schreibende namenspur
              bis in das tal — —

jenseits des monds

                            die hellere schnuppe

        Selberzündende phosphorseele

                            im myriadenfall

gelöscht — —

              an der reibe der rauhzeit
              aus ihrer knospenhaut geschürft
              der brennluft blossgegeben

                                        ein flockenmeer

                    flamme und flammenraub zugleich

                                        das in sich selber schneit

                    salamandrisch behaust
                    in einer blauen waberzone

                                        bewahrt, die da
                                        wem an die wimper stiess

                                        über
                    der symbiontenweide — —

Sich eingefleischt

                                        Mit einem rösselsprung
                                        ins patt

nicht wieder auszuspein

                                        ziehst du die schlinge zu —
ein wandernder splitter durch den leib
des ungetüms

                    Eine spaltschicht der innenhaut
                    wechselt den stoff

der schatten wirft
und ein ferment

                    leuchtparasiten worte
                    spalten die wellen ab —

den spaltstoff seiner selbst
diebisch und kupplerisch

                                        aber der pferdefuss

            am werk
an dem das fleisch sich scheidet —
dies eingerollte
impftier, das sich die kapsel ätzt

                                                                zieht aus der hinterhand —

                              erschütterungen

                                                                gib acht, er stösst

den winterschlaf

                              für einen durchgang zu gast

im röhricht der gewebe

                              in licht- und wärmeleitern

in den eigenen abdruck verkappt

                              und wieder ausgewellt

den wurmgang hinter sich
eine wirkspur von lebensfaden

                              rückwärts sich übersetzend

der ein zifferngeripptes
wie aus den knochennähten

                              in das licht — —

hervorgegangenes
druckbild behielt —

                                                                dein kluges rechenbrett

                              Nämlich du wärst

die fadenmolekel
der metren, die sich weitersiegelt
zwar nicht die namen selber

                              das elfenbein
                              aus dschungelfernen

aber den durchschuss, eine besondere
sperrung der lettern, die
ihr versmaass

                         dir in die hand gespielt

bewahrt und ab-

                                                 samt den figuren um —

formt in das anzulagernde

                         und wärst der Andere —

wie neues hirnbein um die naht —

                         spiel mit

eine kontrafaktur

                         halt deinem part

von weiteren strophen

                              und widerpart
                              die treue —

dem hofton unterlegt —

                         der setzt

auf einen takt

                         und widersetzt sich

                                                 er ist ein fuchs

der durch andere hände fingert

                              und bietet sich selber schach
                              er treibt den stand

(kymische meisterweisen)

                         der zeichen vor

                                                 und fährt mit dem nachtschweif
                                                                      drüberhin

rüttelt den stoff

                                                                       er fegt

in die eigenen kolen

                        und legt das spielbrett

                                              die weissen felder

                                  der himmelskarte

eine durchgitterung der luft

                          aus zug und gegenzügen

gradiert und umgeschwungen

                                      blind

           in das ungefelderte — — —

4

PARTITA

PARZELLENDER FLAECHE in RhOMBENGESprENGTer

LOeSs GRADIERTE gITtER UNGEN AU FEcHSEN scHwARTE

GEBORsTENe RiEGEL voN URGESTEiN Aus Dem vER-

KARSTETeN hERVORGELICHTeT ODer TORF in STRAEHNEN

II

EIneS FELLS pUNKTIERt iN EINE gLIEDERung

DeR LUFT kLETTERNde SCHACHTEL hALMe UND

SAEGEN von LOEWENZAHN

ÜBERDiE hOECKERuNG

SpRINGENDE FARBEN enTLANG

GEfUEHRT vON BRUCH zu BRUCH

```
              Die       LINSE
EIN RAHMEN                        rückt
        über die         RAUTEN
        felderung        der bergeshaut
                                  entlang
        GEFÜHRT

                STEHT STILL

 III         und nimmt              ein quaderstück
                auf     EINE SODE   von nagelfluh
                das korn            und moos
                    in ein augurenfeld
DER WIMPERZAUN
                                    gespannt
     aus einem stimmengewirr
                         von
                         halme-
FRIEDET  EIN  FARBENPAAR                    zacken
in          der nische
den akkord      aus farn       ein
                              GLIEDER
            und schachtel-     BAU      auf
                    halmen              geschwungen

     STEHT UNTERM JOCH       DER STIRN

        und sendet                  in einer folge
        die zacken-   DER ZAHL      zucken-
            profile                 der wellen aus
```

                                    eingefleischt
                                         aus seinesgleichen
                                              ein leichdorn
         die krume auf   der flanke
                   bereitet   ins
              aus untermoor gesenkt
                 in eine miete
                  die weidezotten
                     der baum nach innen
                  kalk und elfenbein

              ein sintergerüst aus

                geädertem gaumen   weidwund

               aus bläulichem

Das grätengewölbe

```
      aus
          einer druse
                   die träumung
                            breitet ein licht-
                                    scheuender binnenschein
                                            verdrängt
                                                ein muttermark
                                                    ein milchiges das dort
  st
  hadernde rot
                                                wie ein gebiss
        gebräunt
        auf eine leberhaut                      von samen
            des todes sind                      nämlich es geht
            die tupfen                              daraus hervor
            mit flimmerhaaren                   ein spriessender flomen
            einer hel                           in dottergelb
die mündung
```

V

Wo eine mauerbucht   aus nagelfluh
entlang   triefende soden
von moos in quaderfugen   ringe von hellerem
über die stirn   der brunnenlache
und eine schleierwand   aus strähnen ziehn
filtert ein doppellicht   die standfigur
aus dämmerung   der nische
die in die lücke   unter das brauendach
der algen tritt —   sie spielt die mienen durch —
lurche der vorgeburt   unter der haut
in grüne blasen   aus licht
gehüllt, tasten den tang   der dotterwand
zur helle ab —   ein gur
wie namen   netzt
aus dem   urgestein

hervor

VI

```
                              was
                              für
              hinter          ein
                                   dunkel-
         dem                 mutter-      grün        öffnet
   unken-      schlangen-    mund                 den
 ton                   haar              unter        klage-   wimper-
                                  dem              laut        spalt
                                regen-
                              schimmel-      wind
                                wald                in
                   arme
 schläfen                          wer         einen
              in                                        lehm
                   weide-             lehnt     schatten-     hin-
 espen-                 samt                                       ab
                                   die              schlaf
 laub                         hände     stirn   zurück         blickt
                                                             der
                              auf                                mond -
              wedel         über              bleich -            sucht
                                           aus                   auf
              von                       den                   böden
                   wessen           augen       lachen-   nach
 aschen-           trauer                        schaum
                             wem
                                                             sieben
 farn                       in                              lider
                              das                         tief
                                 grab
                                    verweint
```

```
                    sind
                    da      von rost
        Flecken     in
                    ein   augurenfeld
            gerahmt
                                        in kiesel-    gur
                                                      auf  tuch
                durch das visier               eine
            der                            aschen-  tönung
fängt  augen-                                              angeschaut
       spalte  zu rinnen an
                                                   in
                                                   eine
            sobald der ›Binichs‹  ein offenes          geschwür
                          vor                      farben-
        den  nabel-  die                           haut    des lichts
                     bahre
        moos-                          geschürft
rötende                    wunde
               tritt
    ver-                           richtet
    band               ein sturz   ins
                                   herz    von binnenlicht
                                   den
                                   strom
    der  über                 das blut      vertauschend
         dem  glühstrumpf
         der
ein
blosser rauch
nerv            in-   der roten druse  strömt
                ein-                   und
                an-
                der                    glüht                    VII
```

                    Der   rössel-   sprung
                            ×   ×
                    Ein   über-   *blick*

          rot   *rot*   durch-   kreuzt   *die felderungen*
    von   zu   ×   ×
          riff   riff   be-   geht   ein flurgeröll

                            aber   hebt
                                   ×
                            und   legt

        gratnetz   *zügen*   die warte   *vogelschau*
    ein   aus winkel-   das   der
        spielbrett   rissen   *den nabel*   länderkarte

                        kapsel   *wasserwaage*
                    eine   von
                        kreuzung   zirkelbögen

    in der spitze   *kegelschnitts*   über   er-   stellt
                des   ×
    im fusspunkt   überschlags   *unter*   ver-   *setzt*

                        in den   spann
                    wo   ×
                        aus dem   *fang*

       schwebe   überflugs   das   *fluglos*
    zur   des   einer
       kehre   *weiterzugs*   die   schwere

                    ent-   *bundenen* sekunde   *steigt*
                         ×   ×   ×
                    ver- worfenen   *erde*   fällt

Erfundenes, weiter
rfindendes —
in
Instrument
iN

ein Flaschenzug
aus spIegelungen
an fLiessenden echo-
saiTen
nähERt
                           Die
                       wEllenlängen
einandeR an
                                       ein Spröder
                                          vOrgesang
und So   zeichNet
   Ein-   Die
     aNDer zu —   mE-
  sachtE   Tren
    heruM, von jenen   vOr
       Abgewendet   Nach ar
     STEht es
  rückliNgs   hinEIN
                in das geStirn
                   geTreten
                ein stIrn-
                und haR-
                   feN-
                  boGen
                    dEr über den
                    Wellen
                    wEbenden
                     spIeler-
                       Händen   Das
                                                 sElbst-
                                            gespRäch

IX

    Wessen hand, ohne
griffbrETt und
    sTEg mit
        dRahtlos
           beSAitetem
              saTtel
      unter wELlen-
beschaffener LITze   Das
                          Eine
                          Sendung   ÜBt und
                                        Erdet
                                      Rede und
                                antwORT
                                            verStärkend   aus STimmengewirren
                                                            hervoR
                                                           verschAerft
                                                      ihnen die Hörbarkeit
                                                                  verLEiht —
                                                                       Nur erst

von kEtte und
  einsCHlag aus
      tOn-
        gLeis und
          Ober-
            Tönen   ein klANgnetz
                          an sTerne
                          gehEftet
                        und uNter
                          ihNen
                          ENtlang   geFÜHrt
                                            Lautlos
                                      durch Einen
                                      kReis

dEr
 eRDe
  schwEbt

5

PENTAGRAMM

I

Ein runzelgesicht rümpft sich im wachs der kinderhand —
›DAS IST DER DAUM‹ — die krähenfüsse krakeln den pass
Und eine route in das blatt — ›DER SCHLÄGT DEN SCHAUM‹ —
Der wetterwulst steht um ein karrenfeld geballt —
›DER SCHAUFELT DAS GRAB‹ — ein knäul aus wegegarn
Marlt seine klatten vor die stirn — ›DER STÖSST DICH HINAB‹ —
Risse und schummerungen schieben die riegel vor —
›DOCH DER ZWINKERNDE WICHT‹ — fussangeln in der schwiele
In viperschlingen sind gerollt — ›SCHLÜPFT HINTER DAS LICHT‹ —
Das fadenspiel, um einen griff verwickelter
Ist weitergereicht: wer dröselt es auf?

II

Streckt krallen aus dem schlaf, schmust um das hosenbein
Und schnurrt das garn der rätsel vor — ›WAS ZUCKT DER DAUMEN?‹ —
Bäumt die wurzel innen auf, treibt schösse in den wind
Und lechzt nach gegendurst — ›WAS JUCKT DER GAUMEN?‹ — fuchtelt
Mit zeigefingern vorm gesicht und sticht sein stech-
wort in die stirn — ›WAS MURRT DER GRAUE?‹ — steckt als ein schwamm
Im hirngestühl und grübelt ein runengarn
Hervor — ›WAS GURRT DIE SCHLAUE?‹ — nestelt ein folterseil
Aus streichelhaar an die zuckendste fiber an —
›MIT KREM UND CHROM‹ — tut den mondberg der schemen auf und zu
Und lässt den wetterschaum in lilaschwaden an
Den tag — ›WAS ÜBERSPIELT DER GNOM?‹ — und schnürt den himmel zu.

III

Am kreuzweg neigen die himmelsleitern sich
Nach innen, entblättert die rose des winds den kern —
›HACK DEN KNOTEN‹ — das bohrende bild ist zur wand gedreht
Und blickt durch den rupfen an, der hahnschrei entspringt
In den ohren — ›STÜRZ DEN TOTEN‹ — der bannstrahl härtet die haut
Zur brünne um: aus hartspann, der schnallt sein koppelschloss, das presst
Auf der atemgrube — ›PACK DIE STRÄHNEN‹ — vom schmeichelgarn
Dich losgehöhnt: sie hat den zischelwind im bund, der pfeift
Dich in die falle heim — ›WÜRG DIE TRÄNEN‹ — das ohr
Ist flöten-hellgefeit, das hürnene bad
Getrunken, aber das lindenblatt — ›UND ÜBER DEM REST‹ —
Der leuchtturm hebt nur der nacht den thron, sie fährt auf seinem rad und
Schleudert die schattenarme — ›STAMPF DIE TENNE FEST‹ — es wühlt
Von nagetieren unterm deich und wittert flut.

IV

Es amselruft durch einen dachverhau
Und ruht sich aus in zwitscherreihn auf einem reck
Aus strom- und spitzeldrähten — ›ICH UND DER GEIST
DER FUNKELFLASCHE‹ — wer nicht aus haut und hürde tanzt,
Muss in der alten schlange stehn — ›EIN ZÜNDHOLZ IN
DER HOSENTASCHE‹ — sei der funke, der aus dem kerker kriecht
Und sein schlupfloch in der lunte riecht — ›SCHLAF' IN DER NUSS
DURCH NETZ UND MASCHE‹ — auf seitenspringer in das seil
Das die plumpen füsse köpft — ›SCHLÜPF DURCH DAS SCHLÜSSELLOCH
UND NASCHE‹ — zaunkönig Uck-al-dor stösst ab und wirft
Den adler erde aus seinem fang — ›DER ICH IM SCHMU
MICH REINER WASCHE‹ — Atlas, gib dein geheimnis her:
Steh kopf, die erde ist nicht schwer — ›BIN ICH DER STEH-
AUF AUS DER ASCHE‹ — bald wassersilbrig durch den spalt
Bald eingerollt im hohlen zahn
Des ungetüms, als ein kügelchen von amalgam.

V

Die wege sind, ein drehfeld unterm fuss, vermacht
Und bieten die sasse an: ein schlagbaum an den -baum
Steht auf — ›DIE WETTERFAHNE DREHT‹ — die schnur zerreisst,
Lässt aus der aschenbahn und gibt den fuss
Der ferne preis — ›NICHTS KOMMT, WO NICHTS VERGEHT‹ — das ziel
Ist in den schulterpass ein lindenblatt
Gestickt — ›ENTSTEHN IST AUFERSTEHN‹ — die saiten sind
Aus sehnengarn und in das horn ein harfenstern
Der hand gedrillt — ›SEHEN IST WIEDERSEHN‹ — es hält
Ein tänzer sich hinaus, ein hackbrett in den lärm
Und drusch — ›LIES MIT, SO IST ES SCHRIFT‹ — der trommelsturm
Schlägt einen takt für jeden fuss, der ihn aus seinem
Tummel siebt — ›SEI DAS HERZ, UND ES ZIELT UND TRIFFT‹ — und tanzt
Die lebespur, sein handmal in das blatt,
Eine palmettenhand, die auf der stele schwingt.

6

ANTIPHON

Es war ein federzug und dreigezackter
Riss im gewölk, der eine leuchtspur lang
Den spalt der leere hinterliess, und stand
Entrollt vor der lasur der gründe
Ein wurfseil aus ranken, die
Ein goldgrunddach von mosaiken trieben;
Darein gehängt, gebauscht in väterschrift,
Das A und O — schoten voll namen unter denen
Ein farnwald wuchs, der die legenden trug.

        Und stand, mattgold, ein krummstab vor der nacht,
        Die lämmerrücken unterm knauf, um die ein faltenwurf
        Das warme tuch, den himmel schlug (von unterhalb
        Ein brauner dom, mit schnörkeln von brokat,
        Schutzmantelweise, nachgedunkelt unterm schmauch
        Der weiberkerzen: eine erblindete fraktur
        Von fragezeichen, taglichtverschossen, die
        Den fadenschein, das graue fischernetz
        Der hieroglyphen hinterliess) — so steht
        Und wacht, die augen zu, der Kardinal,
        Jahrhundertkalk der tauben auf
        Der grünspanschulter, rissiges elfenbein
        Der krückstockkrümme
        In die knöcherne faust gekrallt.

Wie aber, eingehüllt
In einen ockerhof
Im brautkranz der dornensterne und angelockt
Von einem wiegenlied
Auf den altan, aus einer mädchenbrust
Milchstrahlen von mondlicht fielen in die nacht
Voll drachenbrüten unterm fuss — wo dann
Je weiter abgezogen
Zum strudelgrund
Aus räderndem lichtschaum
Verwischt, ein nachbild und wunder punkt
Wie augenweh, noch auf der netzhaut blieb.

Mütterchen Sonne, freundliche trachtenalte
Unter der rüschenhaube, die hinterm laden nickte..
War's nicht ein wetterhäuschen, wo gedämpft
Von den tapeten eine stubenuhr
Die sphären tickte oder ein glockenspiel
Im ländlerton, kuhreigendudelig
Den tierkreis der äonen trieb —
Sie und der poltergreis, je nach
Wer vor die türe trat,
Das zaungespräch der welt-
Und wettergeschichten unterhielt? — —
Es stinkt nach horn
Von pferdefüssen: stickluft und gelber rauch
Schmodet vom kehrrichthaufen
Der alten schränke.. Ein nachspuk von geisslerstürmen
Wimmert ein fieberbimmeln in
Den lüften sich zu ende — schon
Atmet die stille auf.

Das schöne beet, vierströmebeet
In schmuck- und hegesäumen um
Den viererklee der erde
Schläft einen winterschlaf wie nie
Noch unterm schwarzen harsch..
In dem es blasen treibt: verbotenes licht
Von neugierflügen
Herabgespiegelt, zündet den gletscherbrand;
Siderische wuchersaat
Nistet in finnen ein (kleine
Gerollte geisseln, im wettschlaf
Unter der zeit, den aufbruch erwartend)
›Die luft ist voll käfer —
Wer dreht sich herum?
Der mannwolf geht um:
Der wolf ist der schäfer,
Hält die herde im zaun,
Hürden aus angst und graun
(Sei froh, dass es sie gibt:
Der beste hirt ist der dieb)‹..

Der ball aus elfenbein, mit sphären in filigran
Von gittertieren umeinander, feiner
Und feiner ausgefeilt — ist eine rumbakugel
In der haarigen faust
Und klirrt im trommellärm zu bruch.

*

Es war ein schneckenhaus, mit wendeltreppen
Rollwerk und spindeltürmen, aus den prophetengehirnen —
Ein zäher kokon, der aufsprang aus einem
Staubnetz der gewölbespinnen,
Stickrauch von sakristein,
Lüften voll engelperücken aus weihrauchkringeln . .
Ein windstoss in den schirm hat seinen tragehimmel
Andersherum gemuldet . . Es sichert hinaus
Sternklar umweht, in einen salzgeruch
Von groden, am rand des kugelmeers
Das lautlose brecher rollt —
Fühlert mit strudelfängern
Um ein gehör, und durch ein nadelöhr
Fädelt herein
Schlaufen voll überschall
Und sphärengeräusch, wie abgesenkte
Finnen von weltraum in den raum . . Beryll
Der augen (die mystische kugelvase,
Die der nadel die stelle wies) bündelt und stiehlt
Das scheit und über den zunderböden
Beliebig mitgeführt
Zündet den herd und wölkt sich über ihm
Eine halle aus tragluft ohne wand
Und dach — für den gebrauch
Der einen stunde, jenes von stein
Verjüngt zu meinen — aber lässt
Um bläue und, bei anderm wind und stoff
Ein wieder anderes, jedes vorüberwehn.

Und steht, ein reifen, lichterloh
Über dem reigengang der tiere, schamgeduckt
Und überlistet wenn, im blaulicht und flitterkleid
Der rampe, den mond von neon unterm fuss,
Von Carmens hand (der königin
Aus einem schwanenei der gosse) ein peitschenknall
Den sprung befiehlt .. Das glimmstück der lunte ist
Vielleicht ein lippenrot — eine rose der kusshand
Die sie weiterschenkt .. Sie schnippt die asche ab
Und saugt am funken — eine tanzende schlängel
In die brennluft über tank an tank ..
Die weiterläuft, ein toll- und trunkelkorn
Im blut — und richtet die schlange auf
In aderzacken über die stirn
Des Matadors (es zuckt in die faust
Um den pilotenknauf: ein schlüsselchen
›Das kleine ding‹ an der berlocke
Wittert sein schloss — ein tigerauge zeigt den weg —
Und stösst den funken in den lauf;
Es rüttelt in fieberwellen durch den leib
Und löscht seinen brand, einen stürzenden brandpfahl
Im eignen brand.

Wie aber, umgedreht
Auf einer kelchglaskante
Oder dem kinderfinger
Ein kreiselspiel, bei schiefer spindel, steht und noch
Eine sphäre von sommertönen und farbenspielender
Spiralen aus seiner scheibe windet — in einem gleichgewicht
Aus fliehkraft nach überall: ist nur ein schattenspiel
Des lichts die nacht, ein zeiger der mitläuft
Und seinen finger auf
Die quelle richtet (nämlich die schattenmole
In ein lichtmeer nach überall gelegt) ..
Schmalhufig weissgevliest, aus allen gattern lang
Entflohn, durch die geschleiften tore
Ist es nur heimgekehrt
Ins fremde, unverhoffte
Himmelweit geaugt — nun erst

Kann es dir überall begegnen (sei es auch nur
Ein heller ausschnitt
Im stirn- und gabelfeld
Der leierspanne
Aus dem es blickt ›Warum verfolgst du mich?‹)

        Zischgold, schwelender giftmüll
        Und bleiluft aus den vergasern in das meer
        Verschwemmt, das wiederkehrt mit jedem bissen
        Und nagetickt im mark
        Die samen um . . Ein schweige-
        trügender schlachtenlärm
        Mäht durch die luft: gestohlene salven
        Des Sirius (aus einem lauf
        Der das schwarze im augball
        Des himmels war) durch die verbleite wand . .
        Denn das kristallgefäss
        In der kredenz, durch einen wolkenbruch
        Aus bränden umsonst geborgen, sprang
        Bei heiler tür . . Die risse der räderbeben gehn
        In zorngeädern über die stirn
        Der Römerburg . . Von ausgenagten
        Rändern der städte
        Bröckeln die schollen ab — es schreit mit ölverklebten
        Lefzen nach einem frischen quell . . Ein schuppengeschmeide
        Treibt silber-oben in den schwarzen schaum
        Vorm mund der ströme . . Ein irrwald kamine
        Streut ätzende sande
        In die steinernen hüteraugen am portal
        Des doms . . Die Händeringende
        Mir im gehör hält sich die ohren zu
        Und bringt kein wort hervor . . Im schwerefeld der stille
        Pendelt ein hochgerüst, ein turmbau aus gleisen:
        Heulen die wagen auf, in achterschlingen —
        Aus einem drahtgestrüpp
        Des hinterhalts
        Springt ein gespenst aus stahl,
        Hockt in der kurve auf
        Und greift in die speichen — ein steuerrad
        Läuft auf der säule leer.

Das schöne bild, schirmbild in gold-
Und mantelsäumen
Vorm wiegenausschnitt ist, je mehr
Hinaufgerückt, und überdehnt
Zum lichtgrund, unversehn
Auf durchgang hinten-um durch höhn
Die wieder tiefen sind
Zum land gekehrt . . Ein rahm von marschen
Feingesiebt in schlengen aus
Der umgeburt der see
Getauscht für sinkendes
An waagebalken
Bietet die furchen an: meeres-
verwischte schwangerflächen
Mit grossen poren — ein erdgesicht,
Das alle mienen in sich nahm
Aus lehm der frühe zug um zug
Hervorzuähneln —

›Tretet auf die kette,
Dass die kette klingt:
Sind sieben jahr, sind tausend jahr,
Der Baas nährt seine brüderschar;
Er macht die welt zu gift und geld,
Für sie das gift, für sich das geld;
Er macht's, bis ihn die rache trifft —
Sie machens besser: geld und gift.
Die erde büsst und bucht es stumm,
Die tausend jahr sind bald herum —
Die eile, die weile,
Die unverkehrte säule‹ — —

Auf sickerwegen
Der unterwanderung, vom überdruck
Hinaufgejocht, durch einen filterschlaf,
Ein kampf- und wasserspiel
Aus fackelspuren
Spielt seine zeichen ein: ein bogenstück
Widerlagernder brückenarme —
Im gleichgewicht aus druck
Und gegendruck, diensten und widerdienst.

7

SONATE

DAS ZWIEGESPRÄCH DER BLÄUE UNTER SEEN —
SPERBER IM WIND VON EINER WEISSBESCHUHTEN HAND —
DER KRANZ DER MAUERDORNEN UM EIN STIRNPORTAL —
EIN SAMARKAND DER BRÄNDE LEGT DIE STUFEN AN —

        DAS ZWIEGESPRÄCH DER BLÄUE UNTER SEEN
        Und augen schmeichelt sich selbst ›Du bist mein zwilling,
        Willst du mein ehrenwort‹ den boten ab — ein ball
        Aus dem zenit zurück wirft stern um sterne zu.

        SPERBER IM WIND VON EINER WEISSBESCHUHTEN HAND
        Im herrenflug aus einer schaukelmatte
        Über die rahn sind pfiffe der träumergeissel
        Über das hinterland geschnalzt.

        DER KRANZ DER MAUERDORNEN RICHTET SEIN STIRNPORTAL
        Um spaliere und laubengänge: der erbe feilt
        Jemandes züge nach und legt die winterschalen
        Um eine bilderfabel auf basaltenen sockelreihn.

        DER SAMARKAND LEGT ROTE BRÄNDE STUFEN-AN
        Zum pult — ein lamm und silberkreuz auf blauem samt
        Bietet die kette an; einer tritt an das buch
        Und hebt den stab, den rücken abgewandt vom saal.

AUGE IN AUGE SCHWARZ IN DAS SCHWARZ KLAFFENDE HÖHLEN —
DER SKORPION KRIECHT AUS DEM MAUERSPALT —
DIE LEEREN STÜHLEREIHN IN EINER KEGELBAHN —
EIN STADION VOLL AUGEN STEIGT UM EIN SCHAUGERICHT —

AUGE IN AUGE SCHWARZ IN DAS SCHWARZ KLAFFENDE HÖHLEN
Sind katakombentunnel ohne wände, die
Ein drehsturm dürres laub, ein schrillender winterton
Von drähten über ein grubenfeld beschreibt.

DER SKORPION KRIECHT AUS DEM MAUERSPALT —
Ein heerwurm grubenlichter krückt heran und gibt
Ein schattenspiel mit hellebarden, angefasst
Zum totentanz: sie spannen stricke über den grund.

DIE LEEREN STÜHLEREIHN UM EINE KEGELBAHN —
Mit standern auf dem tisch: die schöffenbank
Rückt ein, stellt ihre krüge auf, maass neben maass
Und legt die daumen an, peilt auf die tür.

EIN STADION VOLL AUGEN GIBT SICH EIN SCHAUGERICHT —
Eine schwadron von schweigenden zum sprung geduckt:
Ein hohngejohle pfeift auf schlüsseln los und reibt
Die daumen, lärmt mit den sammelbüchsen um gehör.

EIN ZWIEGESPRÄCH, AUGE IN SCHMEICHELAUGE
Bild in das ebenbild und spiegel-ein
Teuft seine minen ab,
Den fluchtgang der augen in sich hinein
Und treibt ein tunnelgerüst
Immer engerer rahmen auf eine
Hinterste türmerzelle
In der spitze der nadel zu .. Aber ein spiegelbeben
Das anschwillt über dem durch viel
Zu dünne decken — ein drehsturm der tanzwut
(Der wellenspuk
Reitet das dach
Und peitscht seine fieber ein) — mit scherben aus flitterlicht
Schüttet die tiefe zu:
    ›So treiben wir den winter aus‹
    Halt sie in schach — stampf mit der stange zu:
    Schaff dir, es gibt dein recht, solang
    Du es verlangst .. Sie legen zu, das untergeschoss
    Dreht auf — ein drahtziehn das die daumen reibt
    Dreht dir die hähne zu und schraubt den zins — ein brief
    Der künden kommt, schiebt ihren fussbreit in den spalt — —

UND SO DEN SPERBER AN DIE TÜR
Genagelt . . Sternbild skorpion geht auf
Hinter dem abgerückten schrank. Ein trägertrupp
Mit stricken, stulpenbeschuhter hand
Tritt aus der falltür und
Flucht in den treppenschacht zurück
Mit schweren kisten. Ein schattenspiel
Schärft aus der hinterwand hervor
Kreuztragende lederrücken
Riemengeschnürt von meiner
Traglast gestriemt — mit jedem kantendruck
Und stoss mein fusstritt in ein last-
Und duldertier. Ein tragekorb
Drückt seine dornen in die stirn. Sie setzen ab
Und fuchteln mit schlägermützen — verteilt in tausend
Fratzen und schiebermienen mein gesicht:
>**Durch unsere stadt zum tor hinaus —**
Er ist ein tyrann, er rümpft
Die oberlippe und schikaniert
Die leute mit besserwissen und macht nicht mit —
Er predigt im schaukelstuhl — das ist sein schiff —
Isst euer brot und macht auch das
Nicht mit — gebt ihm ein werkzeug in die hand —
Es tut ihm gut — das Mütterchen friert —
Heizt ihm mit seinen schwarten ein‹ — —

SCHWARZ IN DAS SCHWARZ (EIN KEGELSCHIEBEN
Gegen die tür hat das schloss gesprengt)
Gähnt sich die leere an . . Sie sind's die selben sind
Von wand zu wand gegangen
Mit schirm und zeigedaumen haben dem bild
Die augen ausgestochen, die rahmen abgehängt:
>**Wir stürzen ihn von berg zu tal‹**
Ein lachspuk und besentanz
Mit kübeln und leiterstelzen
Hallt von den ungedämpften wänden
Und kehrt die gespinste ab. Sie decken die bilderschatten
Mit lösch- und grubenkalk . . Es sprüht nach chlor —
Ein gas- und kabelrohr streckt seinen stachel aus
Dem mauerspalt . . Sie werden wiederkommen,
Die mäntel hochgeschlagen ›Wer bietet mehr?‹
Und treiben den maklerlohn
Mit schnalzenden daumen ein — —

DER BODEN IST HEISS: EIN SAMARKAND
Aus rotem fluchblatt in den kot gefärbt
Bietet die treibergasse an;
Der herbstwind rüttelt das buch
Und schüttet die stimmen aus, gibt einen part in jedermanns
Und fähnlein in die kinderhand ..
Sie führen leitern mit sich, affenhändig
Füsseln hinan und schrauben die namen ab:
Ein schmalfeld unverbleichtes
Ist eine INRI-tafel auf
Der häuserstirn erschienen:
        ›**Nun haben wir ihn ausgetrieben**‹
        Im rutenlauf
        Durch zeigespiesse, dolchende trillerpfeifen:
        Ein bannstrahl von spähertürmen
        Strichelt den übertritt
        Ins fahndebuch ..
        Senken die speere sich — jeder hieb und stich
        Ist ein scheit und eingelegt
        Das am ziel den herd vermehrt.
        Ein vorgang von kernglut
        Wendet die ströme um: das strahlentier
        Mittlings verflochten
        An aderstricken
        Strömt in die bettlerschalen —
        Und wird ein mangelstoff im blut
        Der durch sein fehlen wirkt ..
        Der mischkrug der sammelbüchsen
        Der nicht vorübergeht
        Droht sich den lippen an ›Dieses
        Ist euer aller blut das wir für euch
        Vergossen haben — trinket
        Alle daraus‹ .. Es ist ein brauerfest
        An langen schunkeltischen —
        Das freibier schäumt — ein fesselballon
        Von maasskrug dirigiert
        Einen parademarsch — —

*

SPIEGELGESPRÄCHIGES, JE WEITER AB —
Denn wo gerädert durch
Ein zifferndes riegelwerk
Und an das frönerpult
Der papierenen spreu, ein kreissendes werkelband
Gejocht, die faust den bohrer senkt in stück
Auf stück zugleich den stachel in das
Eigene fleisch tritt aus dem spiegelgraun
Sterbeblickweit
Im mattschliff überdehnt
Das Zwillingsauge:
›Du warst das ehrenwort gegeben —
Wende die schranke um — du bist
Aus dem gesetz. Noch so belagert, musstest
Du die umzingelung vertauschen,
Vom hintersten fluchtmal
Und widerhalt sie
Wiederbelagern‹ und
Tritt in sich selbst zurück, im maass
Es aufgeht, übergeht
Auf fernblick — wie die blenden der faltlaterne
Hinter das augenlid
Zurückgeschlagen — in ein mantelgrab seiner
Das mitgeht gehüllt — mithin
Den gewahrsam vorweggenommen,
Ein zellengeviert
Aus dornen und gleichschritt
In einen mauerfrieden
Mit kronen und winterschalen
Um ein steinernes ebenbild
Seiner gewendet hat.

WO NICHT DEN ROTEN STEG
Geradeaus — sei es dem schacht
Und förderband
Der geladenen stühle zu
Das funken reibt an einer aufwärts
Reissenden wand — der an sich selbst
Hand an die schattenhand
Gekettete auf einen rampensteg
Von ladebalken tretend am freien wiegearm
Ein nachbild seiner aus
Dem umriss der lücke
Und schnippchen in die abgehängten augen
Aufwirft — nach dorthin abhängt, wohin zugleich
Der aufprall auf den basalt
Und grundstein die seiten überlief
Und in ein kuppeldach
Zusammenschlug: ein stabwerk
Von verwandten statuen
Läutete sturm .. Kehren die pfeile um?
Pfiffe in echopfeilen
Und senken ein pfeilgift,
Heilgift von skorpionen in das fleisch ..
Die maske ist abgelöst (im anwurf
Der weissen bemäntelungen — worte wie gips
Und löschkalk in die gruben —
Alle höhen nur umgekehrt
Bewahrt, entnehmbar, den umguss erwartend)
Und übt sich selber aus
Auge in zwillingsauge
Auf das verwandte wachs
Das aus der saugform trinkt —
Halblächelnde klagefalten
In den winkeln des rätselmunds
Einen für sich behaltenen
Zuruf in den rauch der läufe ..
Die rune ist fortgepflanzt, der reihenthron der zeugen
Um einen sitz vermehrt .. Wenn auch vielleicht
Mehr nicht geschah, als dass
Jemandes seitenblick, für den
Der sperber auf der lehne sieht,
Eine walstatt von umgestürzten
Krügen und brauerstühlen und über die gipsernen
Kolosse der kulissen streifte, die galerien

Der kadermienen in den alten rahmen und
Für eine weile einstand
Über dem aufgelegten buch
(Voll daumen und durchstrich
Und talmitöne) und sich zurückzog
Hinterm basaltenen lid — —

BLAU IN DAS ZWILLINGSBLAUE WIEDERUM DIE SEEN —
Die höhenmuschel singt den ton der sommer vor:
Ein tausch von echobällen über die flächen
Von wand zu wand wirft federnde brücken zu.

Ein grenzerboot im strom sichert zum hinterland,
Das sperbertuch auf halbem mast. Am minenfeld
Geht eine streife um. Dornige winterdrähte
Schrillen von späherturm zu -turm.

Schliesser, durch das spalier der bildersäle,
Schreiten die tore aus — ein grubenlicht
Leuchtet die riegel ab, zepter und purpurbuch
Und eine totenmaske unter glas.

Einer, in schwarzer robe, tritt aus der seitentür
Ans pult, tut die verneigung in den ring der büsten
Und gibt die zeichen weiter einem chor in weiss
Vor stühlereihn im dunkeln, abgewandt vom saal.

8

STANZEN

I

Sparren und lukenlicht — es zieht — der Fähnrich
Nimmt die parade ab: die garde der lederrücken
Präsentiert ihre schilderfront
Und bietet den windschirm — hinter dem
Hält er manöver ab
Und teilt die regale zu — er mustert die titel-
Und siegerlisten ein und aus
Und kommandiert kartuschen in
Ein Marathon auf karten — schwarze kolonnen
Um einen hohlstab in der hand geflügelt
Liefern ein schaugefecht
Nachgeschlagener
Waffen- und widergänge — —

       Es blättert — die lauscher spielen —
       Die stille durch und strudeln ein sturm-
       Und mantelrauschen durch den brief-
       Und geisterspalt der tür —
       Beinahe ein botenflügel um den stuhl
       Der wort für wort von den lippen liest
       Und in das silbenmaass diktiert
       (Nur nicht der berg
       Und singstuhl der erde
       Kam durch das schlüsselöhr
       Und bot die höcker an) — —

              Sondern die himmelsbriefe, kleine
              Papierene segelflieger von sucherflügen
              Ruscheln zurück.. Sie drücken sich
              Vor deinen stuhl — als ob du selbst
              Der Merker wärst — und angehört
              Heben ein halbgares, teigiges fahlgesicht
              Vorm erschrockenen spiegel auf.. Das stiegenhaus
              Ist ein hörrohr am ohr — ein rauschton der leere
              Saugt in den pumpenstrom
              Der steinernen grachten ein.. Murrende räder
              Rucken das band, farblose band
              Der stunden vor, eine gleitende augen-
              Und ohrenbinde: zifferschläge
              Hämmern hindurch — und stricheln die tagespur:
              Ein vorrat blindgeprägtes, unentziffertes
              Fältelt sich an den grund.

II

Schirmlichtumsonntes
Gurren und gläserklirrn
Der sommertische —
Um ein vorüberfedern linker hand
Hinter das ohr getan .. Bis dann
In der kriechspur der wartegänge
Um schalter und katheder durch
Den schilderflur gestockt
Ein Fröner um papiere
Auf bettler- und anbeterstufen für den schein
(Ein gemerk ohne merker belagernd)
Den hautstich der zahl
Ins stempelbuch und einen schmiss
Aus titelein ersteht — —

        Die luft ist voll bändertüren —
        Hangende dauerregen: ein wettlärm parolen
        Aus trichternden rednertuten
        Täubt eine wattehaut
        Über das binnenrohr .. Such zu, durch immer zähere
        Haut über haut (zuletzt
        Aus singsang susaninne
        Schooss- oder schaukeldunst in ganzen sälen)
        Was in der letzten steckt
        ›Das weisst du nicht
        Was aus der wolke tritt:
        Sie wuchsen hüllblatt um das blatt
        — Zwei und die Mitverschworene —
        In einen weissen kelch
        Zusammen; aber
        Das kenn- und sucherwort muss nah am ohr
        Und leise sein‹ — und geht
        In fremde sprachen aus ..
        Schaumbomben des verschwörertraums —
        Lärm wider lärm
        An eine klagesäule
        Geschlagen, aber
        Leim über leim, wie kesselstein aus harten
        Wassern der zeit, springt ab und war
        Auch noch der wetterschutz der wand — —

Dennoch dort oder nirgendwo das tor
Weit auf: ein zimmertunnel
Um immer fernere
Türen gerahmter türen
An blechernen wärtertischen
Vorüber .. Unter schütten von windgut
Aus gelben opferstöcken
Ein meldeblatt — dein weisser span des glücks —
Treibt in die schaufelräder der kartein .. Du selber
Dem lockschein, milchschein der scheiben nach,
Der sachte weiterführt — im kreis — und irgendwann
Entlässt: zur hintren seite aus,
Immer dem gleichen hof
Voll ewigen baugerümpels
Und kriechender gruben,
Von vorne aufgewühlt.

III

Die schwingtür mustert ein und aus —
Das steckschild der Ausgewiesenen auf dem rock —
Einer in kupfertressen, der
In das bezifferte gestühl verweist
Am rundtisch, voll listen und zunftgerät ..
Ans probepult: der Hehler Doppelgänger
Der den stuhl besitzt für ihn
Verwest, richtet ein doppelzüngiges wort
Gegen die schilderfront
Angetretener lehnen (halb in
Ein pausengeraun, durch blaugewölk
Über den schlendertreppen
Und rädertheken, ein kaltes büfett,
Das es verschlingt) ..
Rücklings ein milchfeld, zeigerfeld
Rückt seine zeile fort und bucht
Einen titel ins totenbuch — —

Mitdem der Andere
Den selbergesetzten
Und eingeschwärzten grad
Auf einen vorsatz ungenannt
Um den abzug der weissen fahnen
Sei es auf hadern und ungebunden
Den auf- und umbruch aus dem block
Beschliesst — und so
Druck über druck
Von eigener hand
Vertreibt — —

      Wem dann, dem oder dir
      Gilt das asyl —
      Auf einer erkerbank
      Die Immerwartende
      Richtet den tisch
      Und schüttelt die kissen auf . .
      Die kugelkerze
      Rötet die gläser und beschwört
      Ins ziehn der schwelle
      Immer den schatten nur
      Und höhlt sich aus.

IV

Schindeln aus gneis, rauchige larenhüte
Über dem krüppelfirst — am sinkstein und kamin
Der toten hirten: ein Hintersasse, die barren der fron
Im gürtel, zu den scheitern der totenlege
Dessen, der gestern war, gekniet
Sich selber ahndend — und hinter dem
Der schattenriese an der wand
Holt aus zum würgegriff
Aber, am langen arm der neige in
Das aschenkorn, den rücken überwachsend
Mantelt sich selber
Ein deckschwarz um den ort —
Zum malgrund nach und nach
Grauweiss verdünnt, auf dem
Ein kleines fenster malt — —

Dem nach
Zurückgezogen
Die fühler umgekehrt und faserweise
Gesenkt in feierschichten
Bei fasten- und fegekost, den winterschlaf
Aus den entsäuerten gefässen, knöchelweiss
Gekneteten gelenken
Verspült — und eingeübt
In seine schübe und
Gezeiten, puls vor puls, bis in den federstrich
Vorangetrieben — wuchert der atemhub
Aus einem quellgang, untergang
Einen sekundenstrom
Der hellsicht
In die entwölkte stirn — —

    Wozu ein kolben
    — Eine wärmende esse — in zirbelform
    Hinter den augen aufglomm .. (Irgendwo
    Das schmiedelager: eine schmelze unterm föhn
    Von norden, in einem kraterrand
    Mit zinnen wie salz errichtet; und dort
    Beschickt mit irden die der strahler schürft
    Von überall, wurde ein strahlkorn,
    Ein uranat, ermischt und umgeglüht —
    Es in das blut gesenkt, unter die lagerungen
    Stöbert ein steiggut)
    Ein aufrauch von auferstandenem
    Raucht um den dreistuhl überm spalt
    Der nebenhöhlen und beschlägt
    Ein fangdach der brechung, spiegelbesätes
    Facettendach, das farben bricht
    In worte und widerwort.

V

Ein südhang windgeschütztes, giebelfeld
Überwinterndes sommertreiben —
Wo da ein hochamt um das licht
Die greifenfüsse setzt
Ruckend verbeugt
Heraldische profile dreht
Brautwerberbräuche übt
Um einen abstrahl taubengrünes
Aus den augen der göttinnen —

    Gehn um den steintisch im bering
    Der söllerbank
    Ein blattgold aus ranken unter
    Das glimmende eis
    Der gläser mischend
    Weinmale auf, orakelrot
    In seinen glimmergrund getieft:
    Ein hafen voll sonnen-mit-
    gewendeter zeigerschatten, der
    Ein zifferblatt
    Ausgeleuchteter spannen
    Der stunde unterlegt — —

        Und handmal der sonne, die
        Sich künden kommt:
        Hermen
        Ohne gesichter
        Aus schattenlücken
        Der laubenhinterwand
        Vorübergeführt . . Eine karmingetönte
        Anflut und abendflut
        Lichtet das unterdach — ein hüttendeck
        Von seiner lände ab . .
        Heimfall von erntefeuern:
        Gestände aus einzellicht
        Treten hervor, zu siedelein
        Und gräberlampen . . Flotten-,
        Manöverrast — und stehn die reede
        Eines dem anderen
        Ein gegenüber vor die sicht.

9

KANZONE

I

Deckstein granit, worein
Der name den meissel trug —
Und weitergrub
Mit harten lettern in seinen fang
Den es zum toten fänger zog:
Eine zelle aus kübelbäumen
Wie um ein aufgelegtes buch
Hallte die stimme um —
In seinen ton
Und ein gelübde in die totengier
Der stille..
Perseus Medusa einsgeworden
Hohnsummend, pansgelippt
Reckte die maske aus dem fach und
Tanzt in der warmluft überm grab — —

In das gekammerte
Wand-auf gerissene
Miteingewabt — einen stahlrand voll lichtgrund,
Blaugraues schwangerlicht, vor seiner aussicht —
An der stelle des zweigs: ein leichtmetallener
Witternder zeigepfeil
Vorm flugschaft aus zirren riss
Die augen hinter sich
Unter die schädelnaht.. Einer
Geht seine mappen durch, in wechselrahmen
Und scheidet aus; ein lesebuch,
Im takt der tage wiederholt
Das immer schmaler wird; und geizt sich selbst
Das bündel ab
In einer wetterplane, das
Sich schultern liesse — —

Ausgestorbenes
Schmales insekt,
Nachsingende feinheit des gliederbaus
Im bitterharz, firnis der zeit, verfirnt:
Ein fliesengehäuse
Aus hochglanz und facettenschliff
Bewohnend — einen winkligen fensterreif,
Der um sich her
Ein kartenhaus
Gespiegelter bildchen wiederholt.

II

Wohllaut vom klosterhain
Erzogen . . Ein riegel blieb
Vom kreuzgang zwischen ihm und Ihr
Geschattet, ein redegitter
Von maasswerk zwischen ihm
Und aller welt . . Der Diakon
Trat in der steifen albe an den fuss
Der krater und trank den phosphorblick
Aus dem ›*gefüllten kelch bis an den rand mit geist*
Und feuergold der tiefe‹ aber
›*Die lüfte des himmels*
Spielten mit mir‹ verlallt
Versungen unterm brand
Der schlangenpfade wieder heim-
verleitet — das schweigen gelernt
Um von der turm- und efeukanzel in den strom
Das wort zu üben — —

›He Bruder Mischling lehmlegiert
Aus dem versalzenen land,
Die hart- und dauerkost
Aus räucherkammern
Mit finnen und beulenfrost
Tapfer aus der mimosenhaut
Geschieden — den juckreiz im blut
Mit gesprungenem mund, rissiger hand
Von dem hausiererbündel auf dem rad:
Verse gelernt ›*Den trank*
Aus deinen klingenden pokalen‹ — unter der schreiberbank
Um stösse von schuldigkeit gedrückt
Das eigene blatt verhohlen .. Schmuggler- und händlersohn
Zu ungeahntem nutz, im tölpelzeug
Aus grünem loden, mit hundebissen
Von hof zu hof gehetzt, vom rüdesten hieb
Und vaterhohn die zunge tief
Gespalten, den lippenkrampf im gesicht, der dir
Das lachen verzerrte für lange zeit‹ — —

        Aus geschundenen borken
        Der winterfege
        In den seewind geharzt
        Und unterm sand verglast
        Gefrorener wein
        In trauben, ein gold von norden
        Das in die flöze sank: eine in tang
        Und wetterrinden unterm schlaf
        Der erde hortende bank
        Rötlicher dämmerungen.

III

Ein steilrand und klippensturz
Am ort der strasseninsel
Wie unterm mantelschwung (halb domino
Halb hirtenumhang) hinter sich aufgeschlagen,
Lief hart zur seite mit;
Und war die geisterrampe
Welche der Lampengänger,
Ein Gold- und Seelengräber
Am hellichten gehsteig beging
Mit eingelegtem blick
Nur auf den Einen aus, sämtliches licht
Aus den versteckten augen
In den dolchstrahl der blendlaterne
Verknappt, der den tagschlaf zerriss: einem zu dem
Ein aufstau von sagen und regenbogen
Singender herzglut hinüberging —
Bis das gefäss versagte, jemand
Um eine wunde
Härter verschnürt
Die bermen weiterzog:

›Torenauge, mühsam bewehrt in viel
Zu offener mulde — der wind
Streut sand — und immer wund
Gerieben, immer ein äderchen
Geplatzt: halt besser haus, ruf deine fliegenden
Röten zurück! Wenn schon Bacchant,
Es heimlicher sein: aus zügeln
Ohne ein viergespann
Nur aus dem handgelenk geseilt
Den wohlstrom und windrausch
Einzusaugen — den zuwurf
Und fangball seiner selbst
Nicht aus der hand — an der federnden halteschnur
Zu sucher-, besucherflügen
Kurz vor den griff gelassen . . Wie denn
Nicht vor die luv gebreitet,
Sondern ein drachensegel über
Der reibe des winds
Ein webeopfer
In den lichtfall des augenblicks

Brieflings dargeschwungen meinte — um
Ein in der sonne stehn
Der überwegung,
Eine farbe des aufscheins in
Sein abendbuch geheimst‹ — —

        Unterm wachs der mimosenhaut
        Aus kerngehäusen
        Voll körner mohn geregte
        Träumende röteln
        Aus einer ruhebahn gestört
        In fahnen von fieberlicht
        Verwellt — und wieder aufgeladen:
        Eine muglige brut
        Die über der raspel
        Der böden nach und nach
        Verschrammt, in lösliche wandersalze
        Schlangenhaft
        Durch löss und laue priele
        Weitergepflanzt.

IV

Ein durchschein venenblaues
(Die aderflechsen an den fang
Und zustoss gehoben)
Stach in den blinden fleck — das herz — und dort entband
Ein rinnsal von weinen: ein wutschwall umgebogen
Zum ungestüm
Der rührung, das in die hände fuhr
Zu kosen, liebzuraffen — aber wuchs
Aus bluterwunden
In wellen von scham und wehleid, die die haut
Der erde überliefen . .

›Ein nordwall von gletscherstirnen,
Die zacken über sich hinaus
Stand eine vorhut in das nicht
Mehr heimelnde und
Unter den armen der erlöserflut
Erweicht, hebt einen wasserstern —
Lauwarme flach- und wimmelseen
Voll schwammbrut, uferlaich‹ — —

Ein brandgeruch kriecht in die luft —
Was riecht er? hungersbrunst — jenseits des orients
Rottet ein murren sich zuhauf — aber ein murren auch
Am andern ohr ›Zu leicht gemacht,
Die erde abgeflacht: der abgrund selber sperrt
Den rachen auf mit milliarden mäulern und
Die übergähnst du nicht —
Jedes das du verstopfst, leckt hundert neue aus —
Was du verschiebst bis das verstummt
Kommt nie zustand; reich nur dein brot hinaus, wirf deine vor-
Und letzte münze in den spalt: ein gaunerzinken
An deiner tür sorgt dass es weiterschellt .. Ihr habt
Die heilige Kuh verwöhnt: sie frisst und wiederkäut
Im weg — melk zu, sie hat es gut
(Du bist das heiligere tier)
Wenn sie dich nährt — leb nur danach‹..
Ein scharlachkreuz
Ist an die pfosten über nacht gemahnt — wer legt
Ein bündel vor die tür (vom körnernapf
Gespart) und schiebt den riegel, losgekauft
Hinter der staffelei, pult oder matte, zu — —

        Gefristetes
        Durch eine firnishaut
        Wärmendes dotterlicht
        Das auflebt auf bronze-äschen
        Und die flügel des Phoenix
        Aus duft und gewölberauch bewegt —
        In trauerflocken
        Vom stichbrand abgerusst —
        Noch unterm rost
        Sein aschensalz
        In das gelaugte düngt.

V

Ein wirbelnder herblick und
Einschlag Apolls
Gaben das zeichen vor:
Eine wendung der bronzescheibe
Die auf der knabenstirn,
Raubvogelschattenhaft, mit ihrem unterlauf
Zusammenschlug .. Wo dann
Ein wunschblick und fürgebet
Das hyazinthenblaue
Eines abyss
In seinen ruhm zu hüten
Den spiegel bot, hiess es den hingeknieten
Vornüber in
Sein brunnenbild zu stossen ..
So denn, bei lebzeit in den ton der worte
Die züge abgenommen —
Liebtötend um zuvorzusein — —

Nicht einmal dies,
Den waid- und fehdegruss
Der Ritterlichen
In das mehlige blut getunkt:
Kniehoch überm grund gerissen ..
Durch ein kadaverfeld von stümpfen, die nachsaat
Aus blech und teer,
Rahlte die tigerfront
Der eisernen zähne an .. Veruntreut, brüderlich
Mitwordenes — steht wieder auf:
Die wurzeln schlagen durch
Und lockern den aufbruch. Imsen, sehr andere, sind
Am werk: späne, wie unterm schnee
Gebleicht, ein flugblatt an das blatt,
Rollen sich in den wind
Und bieten die seiten an:
Unter der dornenschrift
Eiserner griffel
Treten die gallen vor
Und masern ihr menetekel in das weiss — —

In blauer molasse
Noch unterm meer verwahrt
Aus Finnlands pinienhainen
Versteinter aufschub unterm malm
Und eis, ist von der springflut losgespült:
Ein ufersegen
Lehmiger schlauben — aber
Um einen kern
Vergeelter sonne
Und schlägt im filterlicht
Eines gerafften strahls
Ein tigerauge,
Ein ölgrünes phosphoreszieren auf.

VI

Flimmkäfer siebenpunkt
An wessen zeigefinger: weiter
Und weiter aufgelangt — was dann?
Den seiltanz, ins weitergedachte
Über den first hinaus?
Schwerlich zurück, wie man dich kennt.
Also denn, säulenbewohner, dich eingerichtet:
Den windstern eingestrichen, am längeren hebel
Des umblicks, wie die speichen des trockenschirms
Am herdplatz eingelegt; alle radien
Bei fuss, im fahnenschuh und
Nabel des abakus. Den feldherrnstab
Der die zacken des horizonts
Überstreicht und abhakt, angewinkelt —
Zum abdank oder gruss. Ein mützenschirm
Ist die sichel ›sie schatte den feierabend
Auf dich und leuchte über dir‹ — —

Nämlich es ist
Der abend des jubeljahrs:
Ein delphisch verweigertes
Schatzhaus tut heilige pforten auf — siehe es ist
Ein bank- und schrannenhaus. Sankt Michael
Schirmt über der zeughaustür
Mit einem firmenschild. Der ablass zirkuliert
In klimperblut, das in die kassen springt —
›Und siehe, mit weiss-
metallener hand, kam es hervor und schrieb
Buchstaben aus rauchspur, ins golfblau
Über dem land — einen Krösus-
Und krämernamen‹..
Fehlweisse verflüchtigung
Von zirren ins überzogene
Fremdblau der höhenwinter — —

        Gedrilltes licht —
        In ein glimmrohr gesperrt
        Und um ein pol-ding,
        Eine gläserne spindel
        Geringt, von innenwand zu wand
        Hinaufgespiegelt
        Und höhergestaut — bis dann ein überschuss
        Den blitz, ein zündkorn spalt- und doppellicht
        Aus seiner iris wirft.

VII

Im luftmeer ein winziger
Zückender geisselschlag
Von einem samentier
Gab das signal: den wurfschwung der achsel
Der die tenne fegte, eine sasse aus bodenwellen
Wie in das steppengras gedreht..
Für eine frühlingsgleiche
Stand überm hegering
Der bänke (mahdzeilenweise
In den bergrand gefräst)
Die himmelnde diskusscheibe
Elliptisch überleitend und
Hat nach und nach sich abgehoben über
Die stufen des höhenzugs
In einen wolkenrand fortab
Aus hellerem getreten,
Keimförmig in ein dunkelfeld
Ober der mitternacht geschweift — eine silberne
Eintönig von der ausgespannten
Membran des zwischenraums
Schrillende quint
Aus mond und eis — —

Neue maremmen —
Ein waldrand gasender motoren, hordengeheul
Von hupen — schnüren die rodung zu:
Ein beräderter fackelzug
Fährt seine thyrsen aus
Antennenstahl
An eine wagenbucht.
Da ist ein götterfries
Bestrahlt: agierende lichtgespenster
Lächeln herab und führen die liebeskünste
(Einen tanzstrahl voll puffrauch und
Ekstatischer insekten) vor — —

Vermahlener abrieb
Brauner glasuren — ein abbrand
Von etwas ausgeglühtem
Zum geigenharz
Gepresst, stäubt von den bögen ab
In schwingungen
Des feinsten korns:
Ein lichtdunst in lampenkegeln
Überm quartett
Verflüchtender kampfergeist
Der in die nüstern prickt.

VIII

Wessen — von wann — aus welchem grab zitiert
Albende geisterhand hat ihre nagelschrift,
Ein plektron in den horngrund das
Dich überspielt, gerillt? und führt das wort —
Dich durch den hohlweg: der
Schwingt deine stimme um in einen aus-
gestorbenen ton — trabantenkreise, mit jedem ring
Ins immer engere . . Laubfall aus gräberbäumen,
Streusaat und schwangerstaub —
Feg sie nicht von der schrift, wenn sie erfüllt
Ist sie zu grund und eingegangen
In dem was ihr entwächst von ihr
Sich abhebt — so wie du
Entlassen bist . . An den seeweg zurück
In den windfall der weidenzweige
Vorm wasserleuchten über; ein stückchen ufergut
Stösst an den schuh — hebst du schon wieder auf?
Vielleicht ein vasenfuss
Gewesen, beinahe kieselrund
Geschleift — wie der die hand durchrauht — —

So schelle wie herz, aus schulbuch und brevier
Rot oder schwarz getrumpft, knöcheln die buben
Und könige auf den tisch
Und führen die hände, mit piken und kreuz
In das turnier . . Hände von puppenspielern

Stehn aus der senke auf
In die genicke fahrend
Und bewegen die kiefer auf und zu . .
Ein bühnenhaus mit vielen böden: jedes regiert
Ein überspiel, das die fäden nach unterhalb
Bedient. Auf höchster ebene:
Wechselnde tagesgötter
Ziehn auf dem luft- und laufsteg auf, vor einer bank
Von maklermienen auf einen wechselkurs
Gekört . . Lass das, dein grüblerwort
Schüchterner zeigefinger, in die beredsamkeit
Zitiert, die kaum ein räuspern lang
Gerinnt . . Ob du es wiederkennst?
Ein Pansgelächter vom Olymp
Sprenkelt die spötterschecken auf eine wachs-
Und bühnenschau . . Vortänzertor,
Vergebener Lustigmacher.
Der auftakt ist verpufft —
Fällt keiner bei. Es hallt
Die gefliesten gänge ab
Und endet totgedämpft
An wattetüren . .
Reib dir die augen aus — halt es für dich
Dein letztes kunststück . . Aber
Ein geissler-, moriskentanz
Der über die klinge
Und den eigenen schatten springt
Sichelt die drähte ab und — A und O —
Ein bündel geköpfter luftballone
Tunkt in den dunkelwind hinaus — —

    Um den gagat,
    Ein kernding unterhalb der fläche —
    Eine schwarze pupille die das licht
    Drei augen tief verschlingt —
    Zum bannstrahl verwandt
    Ein kraftfeld von schwüngen entlang
    Die späne richtend
    Vielfach gesternt
    Um mitten, strahlfigurig
    Von pol zu gegenpol gespannt.

10

BALLETT

SCHLOHWEISS GEWELLT
Nach einem schweif von nackenhaar
Wind-aus und -ein gebauscht
Vor blaue lücken hin
Um einen braunen stein, vom marmorbruch
Nach einer wandrung abgelegt
Unter dem fensterkreuz, stand es
In der pupille
Unter das brunneneis geglast — —

EIN FINDELGESICHT   IM ROTEN LICHT
Der kinderampel   über den bug gethront
War in die kräuseleien   vertieft und glitt
Durch schwarze spiegel mit.

Flüsterndes schlangenlaub   durch eine harfenhand
Weiter zur ruderbank   schläfert am ohr
      Was für ein zögern ein?

Das nachspiel der riemenspur   das langsame ringe mischt
Wirft seine schlingen aus   um eine schein-
      frucht im versenkten laub.

Ein schatten schulterhaar   der stern um stern durchläuft
Und in den zackenrand   wechselnder rahmen trat
      Geht welche namen ein?

SCHEUWANGEN IN DIE LUFT   IM SEITENGANG
Scheiben, die für sie sahn   dich übersahn
Entlang geschmiegt: ein weg- und niedersehn
Zog feine zügel, dich   auf seine höhe an —
Ein leisester anschlag   der wimpergerte
Sprengte die luken   der lunge auf
      In einen schweigestrom — —

Wenn du von flüsterwort zu wort
      Weissagende pausen spinnst,
      Ein summlaut der zustimmt ohne ›ja‹
      In dein verstehen lullt
      Und jeden frageton
      Der auf sein echo lauscht
      In windstille buchten der erhörung nimmt —

Wenn du, um ein gedeck
      Am kleinen tisch, unschlüssige hände rührst
      Und an der vase rückst,
      Eine langsame strähne, halb
      Nur aus der stirn gestreift
      Ein labyrinth beschreibt
      Das in der luft verzieht —

Wenn du die schultern in das winkellicht
      Gemummt, in höfe voll dunkeleien dich
      Vertiefst, durch kammern voll hausrat
      Und seelgerät, gänge voll martern
      Und aufgehobner gelübde führst — —

›ICH MÖCHTE DIR MEIN GANZES INNRE ZEIGEN — ob aber du
Dies ineinanderschweigen, einander-sich-
enthalten kennst — und diese angst ob je
Das andre mal wo es zu sagen wäre — denn das wort
Zerreisst die weiherhaut und gibt
Die tiefen preis, tiefen der überwinterung —
Wir müssen du und ich auf lange suche
In eine andre stadt vielleicht alleine gehn — ob wohl
Etwas mich halten wird — der zweig von dir
Bald abgeblüht, schlug wurzeln aber
In keine erde aus — es ist was singendes
In mir und ist dir zugetan —
Dies hegen, stillehalten — wiederum
Ist es nicht dies, was in die worte ginge, ist
Immer das andere — ob du das je verstehst —
Vergelt es gott, unser gedulden, diese zeit —
Ist kühl, auf dass die wärme — einer der stärker wäre — sich
Erwiese — wach sein, bereit — ob du das anvertraun erlernst‹ — —

DU BIST, IHNEN VORAUS, ÜBER DIE MIENEN GLEITEND
        Vom langen sehn in träumersonnen
        Hinter den blick gemalt, die Eingeborene
        Der augen, Kore des sterns — alleen
        Und säle durch, wo sie vergebens an
        Die tische, aber dann, sehr spät und
        Müdegespäht, um dort sich einzuruhn
        In deine züge trat.

Du bist die mit der rutengängerhand und Finderin
        Schlafender brunnenwasser, Entbinderin
        In die geburt, die einen mond
        Aus schmalem silber in das leck
        Der rippe flösst.

Und bist, die die lücke am abendtisch, zugleich
        Ein unsichtbares buch auf aller knien
        Sachte geschlossen, einen stirnwall aus eis und vorbehalt
        Anders herum, um deinen stuhl
        Gebogen hat .. Pythisch verlautender
        Mund, nur durch ein lippenspiel
        Der mein geheimgehaltenes
        Sucher-, versucherbuch
        Entlockt und ohne hinzusehn errät.

Dein schatten ist
> Ein schlagbaum in meine stunden und
> Streicht meine pläne durch —
> Und ist der weberbaum, der wände wie grotten hebt
> In deren nordlicht jeder blick von mir
> Tore und tiefen malt — ein mast
> Nachtbrauner segel, der unterm dämmerwind
> Des hellen tags
> Halbspiele einwiegt in den halben schlaf.

Wo du verschwandst, gehn silhouetten aus der wand
> Hervor und ähneln die züge
> In allen rahmen um. Das wünschellicht
> Der kerzen schattet aus dir
> Das mienenspiel der rückwärts
> Blätternden sage ab — ›*Die spielerin*‹
> *Der schlummerflöten*‹
> Dämongesichtig übernah
> ›*Im efeukranz des tods*‹
> Für eine nacht zu gast .. Wer aber war
> Die Miterstandene
> Mit roten zigeunerbeeren und violett
> Gescheckem tuch dir um das haar von einem
> Wunschtraum der verwegenheit gebunden (in eine
> Spreizhand voll winkelzüge
> Vertieft, sich in ein wegegarn
> Vor augen ausgesponnen)?

Du hast die wind- und wetterbraut
> In dir und wirbelst den schlaf
> Der weissen asche auf, mit stahl
> Und eschen in den wedelwind geaalt —
> Zerrissne verfolgerseile
> Von einer nackenmähne in
> Hohnlachende lüfte und um die tölpelohren
> Geschlagen:

107

›Ich und der wind wir kämen
Auch ohne augen aus —
Lieber die lungen lichterloh
In brand als dies gewühl
Um haut und haar versäumen‹

Und hast die Andere in dir
    Die schmal zur seite geht
    Und in die wasserspiegel
    Von den geländern sieht —
    Der über die werdestunden weit voraus
    Der vortraum seine farben nennt: *Dies ist*
    Die anemonenbleiche, wo
    Für einen wiedertod
    Die wunde des frühlings heilt
    Indem sie aufersteht —
    Und von dem hergeneigten
    Prüfenden ohr den mitgesang
    Der Schlafenden in dir
    Errät, die du verhältst noch unterm eis
    Der kinderaugen für den tag wo sie
    Im brautschmuck unter das tor
    Der brauen tritt.

EIN LILARAUCH DIEST VON DER VASE AUS
Nistet sich in die winkel und betäubt den schlaf —
Ein riesenstrauss nur aus aromen —
Und stemmt ein sommerbauer aus verflogener wand
Unter ein torkeltreiben
Entgleisender globen .. Aus gesprungenen schoten
Schwärmen die weidenflocken
Und nähn das geistertuch voll ihrer augen
Vor übrige lücken hin — ein schemengestöber
Schneit in die offenen fontanellen ein.

Wer um das schulterblatt von hinterm stuhl
Legt dir den mantel um und hinterhält
Den tag mit muttertönen:
Die kapsel weisser mohn brach auf —
Ein quell sprang aus der handbreit zwischen ihr und dir —
Das sichelhorn giesst seine milch aus licht und feuchte aus —
Ein rosenstock treibt blüten zwischen stirn und stirn — —

Ein grussbild voll schweigezeichen —
Die augen der Jünglingin, schulter-herein
Dir zugeworfen — stempelt die wand
Und überstreicht den raum:
Aus knabenhänden, die das wachs
Der schwülen schlafe kneten, tut sich die Ungeborene
Aus schaum und nebelmond hervor,
Gleitet zum sockelfuss
Und regt die bleichen wedel in den tag.

Marienseide, wehende silberkabel überziehn
Die sommerscheide — ein treidelband
Aus ihrem haar genestelt an
Das sonnengeflecht, das zieht und zieht..
Ein zwist der kam und in den zaum gestemmt, verhakt
In seinen trotz, blindlings in alle winde schwur
Und wiederzog:
     Komm nun, gib nach — es hängt an dir — ruf mich, es geht
     Noch an — nur erst von dir zu mir
     Gibt es die schnur.. Und dahinein
Aus der verglasten zelle
Fernläutend muschel-ein gesilbert
Schnellte der schellenstrahl.

Tage der tunnelfahrten dann, im untergrund
Der riesenstadt durch einen kreis geschleppt
Und vor den wagenfenstern: huschendes feld an feld
Mit einem werbebild beklebt
Das ihre züge trug
In jeden blick gegrellt — und so
Ein laufgang voll gespensterlicht gereiht.

Die distel blüht, von ihrer hüttenfahrt
Dir mitgebracht — und wippt am lampenarm
Mit spitzelohren.. Ein klebriger sonnentau
Schliesst seine krallen um den fang
Und saugt das mark.

DAS ARMBAND, DUNKELGRÜN GESTEINT
                In altes silber, aus einer trödlergasse
                Ehe du selber kamst, dir an die hand
                Und zugedacht: nun aus der totenuhr der truhe
                Mal um das mal bereitgelegt —
                Und wieder fortgeräumt.

Von einer gräbervase: vor der gedachten kimm
                Des Götterbergs
                Die mit der leier in der hand
                Mit einem wunschgedicht
                Dir in ein doppelblatt gefaltet
                Das dich zu ihr bekannte —
                Und schon verfallen will.

Bilder, nur für dein augenmerk
                Und dein erraten aufgestellt
                Auf einer seitenborte —
                Nicht aufgegangen . . Bücher voll lesezeichen —
                Unangebracht, eins um das andere
                Zurückgestellt.

Stösse von aufgeschobnem
                (Der abraum des stundengräbergangs zu dir)
                In zwingerwände aus versäumen —
                Streben, einander zugekrümmt
                Flehn einen sturz auf sich herab
                Der durch sein mitversinken fängt.

Besuche abgesagt: die Immergastlichen
> Stellen das läuten ein, die Schlichte fortbedauert
> Meidet die tür . . Lass nur das lauschen, es
> Hat nicht geschellt, die schwelle rauscht und ruft
> Umsonst. Die wochentage sind ein grau
> In graues band von leeren stühlen um den tisch —
> Eine spüle voll trübeklirrender
> Gläser und abgestandenem geschirr.

Die heiserkeit der stille saugt das ohr
> Zum stiegenhaus, von jeder zeile fort —
> Von überspannten drähten schrillt die luft . .
> Der bote klirrt von spalt zu spalt: ein hohngekicher
> Rieselt in das verhallen und
> Jongliert die fratzen durch.

›*HEISS' MICH NICHT REDEN, HEISS' MICH SCHWEIGEN* — denn es ist
Etwas in mir das nicht mehr ist sobald
Es ist, mehr ist solang es noch nicht ist‹

    Die weiter ist als ich und um die stunde weiss, je mehr
    Sie riegel legt, je mehr ein heiligtum verrät — und so
    Den neuling bei der hand um keine stufe bringt.

›Milchweisse körner vor der zeit entkernt
Klagen die eile an und flecken schwarz
Und schwer zu büssen (ob du das lernst, wodurch?) auf deiner hand‹

    Die jedes wort, ein stilles wassergrab, verwahrt
    Und hinter rätsellippen reift, das aufersteht, den ›*Der*
    Sie ungerecht verletzte zu beschämen‹

›Je mehr ans licht gezerrt von dir, will es von mir je mehr
Verhohlen sein. Ich traure, weil du meine traurigkeit
Nicht teilst — und hast du je, geschweige uns, um wen geweint?‹

    Die an das falkenseil
    Wildernde augen nimmt, den finger auf
    Die rohe stelle legt und grad um grad verleiht.

›Lass deine bilder fort — bin ich nicht dies mein haar
Dies meine haut mein auge dies? *Wir sind die seen, darauf*
Ihr schwäne seid — und almenrausch, dem ihr die hänge leiht‹

    Sie greift in die saiten ein: und stein um stein, mühsam gebaut
    Rollt zum geröll zurück — unangesehn, weil schon
    Ein roter gang drei hüllen unverwahrter sich entschliesst.

DIE FLOCKE GELBLICHT, WIESENSCHAUM-
gepflückt, ein schlüsselwort zu meinen, unversehrt
In ihrer hut vermeint, blieb auf der rasenbank (und du
Hast noch zurückgeschaut
Und nichts gesagt) vergessen und
Verknickt — —

                        Verknickt — wer knickt? Armseliges schmugglerkorn:
                        Warmluft voll sommersamen ging, es dahinein
                        In die furche gezielt,
                        Ein pfand zu unterschieben —
                        Zähl deine körner nach, das halmorakel
                        Vom altjahr (›sie liebt mich — liebt mich nicht‹)
                        Befrag, ob und wieviel
                        Du wiedersäst.

In der monstranz der hände
Vom steinbruch zu tal gehütet, ein mugel-inneres
Voll lichtsaat — dem nachgebangt:
In eine rumpellade, die
Keim über kristallinen keim
Mit jedem auf und zu verstiess — —

                        Mugler und Mogler und
                        Gläubiger schickt den büttel vor ..
                        Hinter dem breiten rücken spitzt
                        Der freiersmann das ohr — komm vor,
                        Der fürsprech hat den vers gesagt.
                        Das botengesindel,
                        Das die worte verdreht, entlass
                        Den zeichenspuk, mach dir die ohren frei,
                        Es lärmt wie fledermausgeschrei.

Erkannt zu sein, unter die spreu des tags
Ihr in die hand geflösst, ein probeblatt
Das eine zweite stimme, eingefühlt
In ein wett- und wunschgedicht zu sein
Ihr vor die lippen räumte —
Die aber nie erklang;
Also zurückverlangt, für einen korb
Am strassenrand — —

Das füllhorn sperrt den rachen auf
Und giert; das alphorn bläst die pausen —
Ist ein hörrohr am ohr, das die echo zählt . . Und doch
Gab es den bettlerkönig,
Der seine gabe bot und
Dem der sie nahm noch dankte.

Ins eingeschenkte mohnrot hinterglüht
Gestielter kapseln
Der lösch der werkeltage, worte wie kalk
Gebröselt in den duft und kleine sorgen . . Dennoch
Der kalte talg ein zweites mal
Von ihrem feuerzeug geschürt —
Nur für ein heuchellicht
Das in die augen log und stach — —

Unstern der sorge, wer
Die büsserstunde dem versagt
Ist noch der blindere
Und stösst das meuchellicht
In einen werdeschlaf der augen . .
Stell deine gläser, Fallensteller, nach
Dem eigenen durst
Und schenk dir den wein
Der gäste ein.

Ein breitender goldguss, über die wellenbrücke
Des flüssigen lichts
Holte die reling ein;
Da aus dem blut der sonne zwischen stirn
Und stirn entsprang
Der rebstock, der worte trug
Gepflückt zu sein —
Die dann der zwist, das scharfe kinn,
In schneidende kühle schlug . . Und so
Guss über guss in einen krug, den sie
Nicht in den händen trug — —

Den henkelkrug, für jeden wetterguss . . Sich selbst
Ins liebe nest
Auf warmen mutterknien gerollt
Den murmelschlaf, von ihrem nachgelall gelullt
Zu ruhn: von dem berühmten sprung
In schalen ohne grund, in keiner hand
Gewusst — ein sich enteignender, hinüber wo
Kein fall mehr ist, zu sein und dort
In gleicher schwebe, weder sturz noch bleibe
Auf sich beruhn.

Der himmel ist
Verkreischt, in ganzen dohlenschwärmen
Zieht sie es an, auf sich und dich
Ein böses omen über jeden tag . .
Auf eine beerenkette,
Alraunisch verknotete
Fruchtschnur des augenblicks —
Ein perlstrom, sekundenstrom von hand zu hand
Kaum überreicht, fiel auf den grund —
Was kam: ein blatt vom aderlass
Aus dem verschmauchten buch
Das gut und böse unterschied,
Tage zu bluten gut,
Zu bluten ungeschickt — —

Selberverunkt — von dohlen der unksucht
Der himmel schwarzgeprunkt . . Ein Leichtgewordener
Wunschlos gefeit auf grund
Eines vergebens, dem scheine nach in kühle luft
Gewachsen über sich hinweg
Zu sehn, wäre ein mitentrückter
Über den bettelrauch der roten gier allein
Durch sein verschmähn zurückzuschaun und überflüssiger
Beschenkt mit dem geschenk ein schenkender
Zu sein nach dem vernehmen ein
Entbindend mitentbundener gereift die silbersicht
Eines genesenden von etwas hinter dem
Vermeinten ab, dem nach sich oder es
Sich ein zu bilden.

DIE SPINDEL TANZT, IN SPHINXENDER SCHRIFT
Über die wasserzeichen (ein duftblatt türkis
Und mattgerippt, zackengebördelt) von häkliger hand
Malt deine lettern nach und künstelt die beiderwand
Aus ja und nein hervor — und ehe der wunsch
Sich aus den lücken liest,
Riefelt ein winkelzug
Und rückschlag über nacht sie auf — —

      ›Bleich- aber Reichgewordener, wunschlos bereit auf grund
      Seines ergebens und, dem schein aus schuld
      Um schuld zum trotz auf rote gier
      Geprüft durch ein ›*Von vorn*‹ ein bindend mitgebundener
      Würde der mitbeglückte
      Überm verschwenderrauch
      Eines gewesenen sein‹

Sternsinger, der den orden dreht
Aus rauschgold ihrer hand durchs labyrinth
Der luft und mit verlulltem mund
Die rassel schwingt, den aussatz auf der stirn:

      Was du geruhst und tust ist gut, aus dir
      Spricht mein geheimer mund und lernt
      Die abgedankten sprüche um . .
      Geiz' oder gib, der dieb
      Geht ein und aus das angelweit
      Gesperrte haus — denn das auge das glaubt
      Hat die Seine längst
      Aus dir geraubt . .
      Behalten ist sünde, das glück
      Ist keine pfründe — es will
      Weiterverliehn und nicht
      Beliehen sein — wer dank will, spannt es ein — —

Speichen des angebannten blicks
An der nabe des bandelbaums
Schwirren die zwingerwand,
Ein zeltdach das sich enger schnürt, hervor —
In das kein räuspern und
Kein schellen oder
Schanklaut um ein buch mehr dringt — —

        ›Ich bin der wein: trink was sich giesst —
        Und bin das buch: sag was du liest —
        Der schirm, der widerscheint, wie du mich siehst —
        Die insel bin ich: tanzt du nicht? Die zeit
        Wird lang: zeig was du — kannst du nicht?‹

Stufen und aberstufen
Die büsserstiege an den stuhl
Der Hohenpriesterin
Hervorgestampft . . Die waage über dir geschwungen
Misst eine prise
Salz der begnadigung
Auf feiner kippe zu — —

        Der hundsstern haucht, die windenlaube
        Windet den turm, rohrbrüterturm
        Des zauns, den Viviane zog
        Mit seinen flüsterworten, die sie stahl, dem sie
        Den kopf auf ihren knien, den wahrkristall
        (In ihm den saal, mit paar und paaren im spalier
        In fesseln ohne band und stahl) vors auge hält —
        Die seinen schlüssel hat, die aber selber
        Kommt und geht . . So durch die dichtbemalten
        Fenster ohne spalt
        Hinausgeschallt
        Hallt es die aventüren aus dem wald.

Ein ziffermond, am handgelenk
Gewippt, kippt seinen zeiger ›vor — zurück‹.
Er wendet die wetter um und schwenkt
Eine schleppe schönwetterluft
Von kenterflut zu -flut:

›Zu leicht geworben, mundtotgeweiht, auf grund
Seines begebens, wer schon vermeint:
Weder den, weder dann — aber dich . .
Der alte zaubermantel ist verschossen
Und hebt nicht mehr. Was scheuchst du die fledermäuse aus
Dem winterschlaf — wo steckst du selber unterm flaus?‹

Augen aus grauem eis
Der hindin, die ohne hinzusehn bespähn
Ob schon der fronwald pocht von stoss auf stoss
Der roten fege — einer die schranken
Tödlich geweiht, aus einem rosenstock
Der stirn, für sie betritt:

›Der Andere kommt, mir vor die tür, legt sträusse hin,
Einer von süden, braungebrannt,
Stärker als du, steht nächte durch
Und zielt sein wort. Er schlägt deinen namen in den wind
Und lacht; er sagt er braucht mich, alle
Reden mir zu, ich tät' ihm gut — was rätst du selber? (Was
Ist das: wer ringt, der ringt
Und der erringt's — der ringt nicht mehr;
Er friedet das wilde ein
Und also aus — mich aus der wildbahn aus?)‹

Tief über tief, in wetterschwaden aus
Dem überschwemmten blut gefällt
Unter der fron des wechselstroms
Von auf- zu untergang
Und wieder um gepolt:

›Nicht hier — auch morgen nicht —
Noch dort — vielleicht noch heute — wenn auch
Nicht so — kann sein, auch nie —
Bereit sein — immer wach — von vorn‹ — —

BIST DU DAS, BIN DAS ICH, GEHN IN DIR UM UND SEHN FÜR MICH
Sag was du siehst, nur meine augen? Mitgeführt in duft-
Und knisterbriefen mischt sich die seidenstimme ein
In jeden schritt ›Bin ich nicht dies mein wort dies meine hand
Mein schweigen dies?‹ Sag was du wiederkennst — nimm mir die mond-
gespinste von der stirn, sag wer ich bin und tu das krause
Ab von der deinen; frag mich, wer du — sag, ob du das bist.

    ›Hältst du, wenn mich der schüttelfrost, ein fallwind überfällt,
    Der in den schläfen wühlt, mich fest genug? Der eine halm
    Hat seine blüte rot, nur aber wurzellos gestanden;
    Nämlich der vasenmund, dem nicht ein rot auf rot
    Die schwärze schliesst, öffnet den unterminten grund
    Und richtet die totenaugen auf das glück‹

Es wird — vergiss nicht — als sich der bergrand an den rand
Des boots und so, aus bläue und wellental
Die glocke schloss: der mittag schwang das lot und läutete
Uns in den doppelklang, der uns die stunde schlug..
Malende trendelspuren wie nachgewellte
Flutende wasserwurzeln hoben sich ab in eine
Brautbahn von inselblüten, die an den fersen blieb.

    ›Lass mich — was du nicht kennst — es blinkt so mystisch hinterm glas
    Im neuen dom, wo man sich trifft für eine osternacht
    Ein licht entzünden — wenn es gestanden ist, zu dir zurück
    An den geheimen dienst, mit einem segen gehn.. Die Mutter
    Will dass sie alles weiss und fingert am rosenkranz
    Mir meine jahre nach: *Ich oder er — Gott oder Der*‹

Wir sind's — ein aufgebot auf läuferstufen unterm kristall
Schreitet einander ab in türmerpaaren, über einander
Richtenden zu gericht.. Dann noch ein tagewerk
Zu überhören sei du die Merkerin mein tagorakel —
Dein schweigen, Schweigerin (ich weiss) ist nur dein feingehör..
Es steht in reihen an, etwas das weiterwill aus neuen
Mündern — hörst du das nicht? durch uns hindurch?

›Erwarten — ineinander sich, so wie der Schlichtere
Der die geduld versteht und mich, indem er schweigt, verschweigen
(Was nicht bei dir gehn will, sag ich zu ihm) — ob ich an ihn
Denk, wenn du irgendbald mich nimmst? . . Die Wirtin warnt mich vor dir.
Wenn du mich sähst, wie ich daheim — bin ich das sorgenkind,
Sie jäten mir jeden wunsch vom mund, ich darf nichts selber tun‹

›WER WENN NICHT DU?‹ — Ein pfeilerpaar, einander zugekrümmt
Hebt seine streben halb — ins rissige leck
Rieselt die schwärze ein — — ›WO WENN NICHT HIER?‹ — Irrende grate
Schlagen die scharten ein, nach einem gegenhalt
Und zerren den sturz auf sich herab — — ›WANN WENN NICHT HEUTE?‹ —
Schweife aus wanderlicht, erdnah bereit und eingefangen
Ein tag- und nachtgeleit zu sein, ziehn eine schaurige bahn

Von vorn — — ›Bleib noch, lies was von dir — nicht heute — dir zu liebe
Lieb' ich gedichte — etwas für dich entsteht — magst du es ab-
geschrieben? — *O boucles, o parfum chargé de nonchaloir* —
Du mir zu lieb: geh in ›Marienbad‹ ›Hiroshima‹ —
Ob du mich dann verstehst? . . Beiher: man geht in stiefeln jetzt,
Such mit mir aus, die läden durch — sag mir, wie du mich magst‹ — —

*

FLORWEISS VERWELLT
Um einen braunen stein
Vom zeigerstrich
Der schattenkreuze überstreift —
Ein ›Schlafewohl‹
In seine äderung geträumt
Das sich im schwarzen fluss
Der scheiben trifft — —

EIN KINDERGESICHT   DURCH DAS SIRENENLICHT
Der frühe getaucht,   züge des jünglings halb
Halb eine mädchenbrust . .   Rehaugen der unerfahrenheit
Schlagen ein staunen auf, was sei.

War das der findeltrotz,   der blumen knickt und weint —
Der wildling unterm ein-   geaugten reis,
Der grüne dornen treibt?   ›Schneid zu, von dir
      Leidet das himmelreich gewalt‹

Verhehlt die stirn   hinter der grillenschrift
Milchweisses wachs   der unbeschriebenheit?
›Leih deine hand   glätte das wachs
      Grab deinen namen ein‹

Trat aus dem spalt   und kerngehäuse
Halbgrüner fasten   vor der zeit
Kore für alle zeit   halbhörig in
      Das zweifellicht geteilt?

SCHEUFLANKEN IN DIE LUFT   ERRICHTET IN DEN TANZ
Der wirbelsäule,   in lilamond
Und ebenholz geschminkt   vor der gelöschten wand
Der kerzen in   die dämmerung geaalt,
Stehn aus der beuge auf: klammernde knie
Der Jägerin   am sattelsporn
Die ihre mädchenzöpfe,   kundige winkelblicke um
Ein scharfes kinn   und flötende lippen wirft,
Lenken zum tunneltor   dunkelster adern ein.

Was richtet die hauben auf, selbdritt
    Und über die schultern schaut
    Eine der anderen herein?
    Patronin ahne mit strick und schlüsselbund
    Lenkt die Gelehrige am namen- und
    Marienseil — und flüstert die schläue ein ..
    Wer schlägt das nonnenbuch des schwülen schlafs
    Mit roter schnalle auf und bauscht ein weiheltuch
    Zum braut- und himmelbett —
    Mischt lehm und bilsenasche für das mal der stirn?

Was trennt die luft?
    Gläserne weben aus dem eis
    Der iris zwischen stirn und stirn
    Durch die der blick der Merkerin
    Nicht mitversinkt, sich selbst
    Aus den pupillen liest —
    Auf einen dreistuhl überm rauch:
    Ein hochgericht erlistet über dem,
    Dem ihre wünschelhand den brand der scham
    Wie nacht- und albenschweiss
    (Vor einem larenfach,
    Ein dreieck unterm schurz
    Des fronaltars, das seine schenkel hebt
    Um einen lidspalt ohne blick)
    Zur ader lässt.

Was spült, durch eine nesselbahn gediest
    Von unter schaum und namen vor —
    Du bist mein leid, mein doppelleib,
    Dies ist die muttertaufe, die
    Nie keinen makel hinterlässt —
    Die Unterschobene
    Aus milch- und schmeichellicht hervor
    Und feimt den schlaf, in den umsonst zurück
    Der heucheltraum hellwach-
    geprellte schläfen presst
    Von der rauhwand der tünche ab?

Was weint am totenbett
    Der Ungeborenen, im gläsernen sarg —
    Hebt die verklebten flügel
    Aus dem vergossnen öl
    Und büsst in bleigewändern
    Einen gelähmten tag, den abdruck auf der stirn
    Von der versagten schwelle?

DER LILASCHEIN, DURCH GRAUE LÜCKEN
Über dem weg zurück im nachgeschmack
Des verrauchten öls hängt kalte fahnen
Von den kaminen aus, in einen winterdunst
Verdünnt . . Pförtner in werkelgrau
Drehn eiserne tore auf. Der stundenhammer
Dengelt die pflugschar; die schiene schrillt und rüttelt durch
Das kreidelicht der zelle — jahre von mondstaub
Von den wänden abgestäubt:
Wachsweiss errichtete
Tafeln der matutin für eine totenschau . .
Ein folterrad von schemen,
Malteserkreuze durch die stirn gerädert,
Hält seine streifen an — feld an das feld belichtet
Rücken vor das gespannte weiss:

›ICH WERDE DIR DEIN GANZES INNRE ZEIGEN‹ —
Ein heiligtum das war solang
Es noch nicht war — mit jedem riegel mehr
Verraten, zugetan — von etwas hinter dem vermeinten —
Das stärker war — vergälltes licht —
Vergällt es gott? — zur martertaufe, die
Nie keinen makel hinterlässt — ein wunschgedicht —
Voll aufgehobener gelübde —
Ist abgeschrieben — diese zeit ist kühl —
Grab deinen namen ein . .
       Ein kicherndes bänkellied
       Von treppenhaus zu -haus
       Dudelt die fratzen durch — —

Ein grussbild von der wand gelöst
Und jeder brief (rauf- oder himmelsbrief)
In häkliger schrift voll unterlängen
Dem taglicht unterzogen
Zur rede auf sich selbst gestellt
Und überhört — kein summwort ohne ›ja‹
Mehr aus dem mund und abgenommen. —
Das also war — aus nichts als ›Hm‹ und ›Mm‹ gebauscht
Der ganze hintersinn . . Schallöcher der gedankenstriche
Rieseln die leere aus —
Verwesende echo, wort für wort
Verpufft wie trudenbeutel.

Ein umschwung um
Abwartende sekunden . . Wo und von wann
War das ›*Ein horn von vätertürmen*‹ und berief
Ein gläser-klingen-kreuzen in den duft
Des abendweins? Schweife von wandergischt
Anders- und immerjung
Bemannter borde
Landnah bereit, mit fremden stimmen
Läuten in einer andern schicht vorbei.

Leuchtbaken der trabantenbahn
Im kreis: ein hochgericht von augen
Durch die du selber blickst
Hält seine robe um .. Es steht in mantelform
Um einen weissen kern
Aus heiler mandel;
Die zeigerhand
Wiegt sich in kenterfluten und
Tritt in das haus der Zwölf.

Ein karges heft, das die hand durchwohlt —
Das Römerbuch, Romfahrerbuch
›Der ewig Tüchtigen und Starken‹ —
Meisselt den zwingspruch in
Die eichwand hinterm dom der stirn:

> *Der Bettlerkönig, an den mast geschnallt*
> *Von eigner hand — und unterm kiel*
> *Das schwert, das die sirenenflut,*
> *Den lockruf der wetterbraut*
> *In den entführerwind voll weingeruch*
> *Und ranken der Garnerin durchschnitt, die es*
> *Preis dem Zigeunergott*
> *In schneidende lüfte gab —*
> *Kimme und ruderkorn des blicks*
> *An ein merkmal überm sporn des boots gelegt — —*
>
> *Lern ab: sphinx wider sphinx — den schlüssel unterm fuss.*
> *Lass keinen wunsch mehr aus dem spalt —*
> *Stell dein verhör, das kerbholz in der hand*
> *Stell deine proben an, lies alle winkelzüge*
> *Und zacken mit, buch' jeden schmoll und schmu*
> *Den du zutage schweigst.*

DU WARST EIN MAAR, EIN WUNSCHGESICHT
        Das in sein schlafendes oval
        Alle die omen nahm
        Und keinen namen widersprach:
        Ein unaufhörlicher
        Orakelzug stieg aus den mienen auf
        Und spielte die tiefen durch.

Es war, mit firngrünen türmerburgen
        Auf quellen von eis gemalt
        Im flüstersaum der binsen
        Aus einem seitental
        Voll hüttenrauch
        Und wiegendunkel um
        Ein marterbild, wehleidbekränzt
        Auf einer winkelborte.

Und warst, im kalklicht nüchterlicht, sobald
        Der almenrausch verflog,
        Die Schwaigerin, die ihren zaun
        Um nesselgrüne gärten
        Im seifengeruch der linnen flickt —
        Die Föhnbraut der burschen
        Mit einer wetterdistel hinterm ohr
        Die schuld um schuld zerreisst
        Und in die winde schlägt, mit scharfem kinn.

Und hattest die Andere
        In dir, ein wassergrab
        Im efeurand und stummer mund
        Der tiefe, in die der hang mich zog..
        Die taufe rinnt
        Mir von der schulter ab
        Und nimmt die asche mit —
        Und einen ring,
        Der sich in dir erfiel
        Und dich mit mir verlobt.

EIN DOPPELZÜNGIGES, ZÜNGELNDES KUPFERKABEL
          Im ohrloch der mauerfuge
          Von sonnengeflecht zu -geflecht
          Unterbrückt die häuserhürden
          Und bespitzelt den ausgang: es fällt ein zischen ein —
          Dir in den arm, dein standgericht
          Das blatt um blatt, in der gestalt
          Des tagebuchs, sich in das auge sieht
          Und vor die wand gestellt durchbohrt.
          Ein wilderndes augenmaass, zurückbefohlen
          Und an das falkenseil gelegt
          Übt seine beize auf
          Die mürbe stelle,
          Ein wühltiertreiben unterm deich .. Darein
          Der seitenstich der schelle: ein heiserer schweigeton
          Der aus der muschel lüstert
          Stellt klaffende lauscherfallen
          Abwartender sekunden auf.

Gruss wider schweigegruss —
          ›*Das senkblei der erwartung schweigt den ton*‹ —
          Dreifach verschnürt wie zwingen um
          Ein heft in verseschnallen
          Wortlos gewidmet urnenweise
          Nichts als dich selbst in schwarz
          Und weisser asche, nahm dich drei brunnen tief
          In sie hinab — und macht dass du spuken musst
          Um das eigene grab .. Horchst du schon wieder auf?
          Ein botenton von bienen
          Blieb und behielt das wort
          Wirrt um die stirn den tanz
          Des lindenmonds und liegt im ohr
          Mit nachgesumm der silben.

Tagschlängeleien — ein listenspinnendes
        Vorübergehn, im klöpfelflur von pflicht
        Zu pflicht, mit deinem lieblingsbuch im arm
        Dir vor den blick gewedelt —
        Und noch dem andern buch, voll martertöne und
        Vampirischer beutekünste (die Meisterin
        Ist aus Paris: sie reizt die peitsche vor,
        Dann schreibt sie mit
        Und münzt die striemen aus in kampf-
        Und klageschriften) — im suffragettenmarsch
        Mit steiler falte, zorn- oder ehrgegeizt
        Auf einer krausen stirn. —
        Und du? Hohnschlängeleien
        Der spottlust in der oberlippe
        Übst du die falkenlaune
        Und wedelst das fangseil zu lock-
        Und spitzelflügen vor ihre hand:
              Greif zu — soll ich
              Zurück — kann ich — wenn auch von vorn — vielleicht
              Nicht mehr — wie sonst?

Und also denn: die Wiedergängerin
        Auf halbem weg, die schmal zur seite geht
        Im schwarzmond aberrunden um
        Den schwarzen häuserblock mit immer kältern füssen
        Lenkt in die gartenwege, auf den verglasten see
        (Auf dem bei tag, den buben abgelernt
        Einer die schlangenbögen übt).

›SO LASS MICH SCHEINEN, BIS ICH WERDE – aber
Nimm mich nicht die ich scheine – etwas in mir
Das liegt an dir warum ich die nicht scheine‹

       Die Salamanderbraut tritt in den saal: ein aal
       Ist ein chamäleon ein mondkalb ein polyp
       Und quillt durch jeden fingerspalt..
       Isis, dein schleier ist
       Verschossen: die schleiereule
       Pludert sich auf dem ast –
       Wo steckst du selber unterm flausch und bausch?

›Dir nachgesucht, für dein erraten – *Ist es schnee wohl*
Oder sind es schwäne? – mit abgeschriebnen
Seiten der geduld, spät noch und mantellos‹

       Sumserin Simse, was summt die binse?
       Die Windsbraut humpelt um den teich:
       Hier ist ein fingernagel eis,
       Wahrleuchtende nüchterbäume aus kristall –
       Was tanzt du nicht? Der stöberwind
       Krempelt die hosentaschen um:
       Fang deine schmugglermünze wieder auf!

›Du nimmst das wort — oder du nimmst — hier ist das buch
Alle briefe von dir, das tuch — zurück. Du bist der stoss gewesen
Wenn ich — das ahnst du nicht, wo du mich suchen wirst‹

                Benannt, zernannt .. Fang deine schmugglermünze wieder auf!
                Beiss zu, der Fährmann ist genau .. Merlin
                Hat seinen schlüssel längst zurück —
                Ich weiss die du nicht weisst:
                Was macht sie dich heiss?
                Wer die turtel im schlag verschliesst,
                Weiss nicht wes windes kind sie ist —
                Was streichst du die siebensachen wieder ein?

›Der Andere kommt — vielleicht noch heut — kommt seinen abschied holen.
Und so: glück über glück um dich .. Dies ist es nämlich
Nicht anders wollen fordern nicht ihn so nehmen wie er ist‹

                Glücklicher sündenbock, bekommst ein schwindelkorn
                Salz der begnadigung in einer abgefeimten
                Lecke. Nimmst du es auf — mit wem —
                Hast du es gut gemeint —
                Halt ihr die türen auf, den mantel um —
                Bürste du ihr — sei es für den
                Der nach dir kommt — die schuppen ab
                Aus dem genick.

WINDFAHNENHAAR MARIENSEIDE
Schaumiggebadet und hinten-aus
Zu spitzelflügen in den wind
Gekämmt, heftet sein klettenmal
An schultern und sessel an.
Eine fetisch- und verrätersaat
Aus klemmen und rosaband, dir in die hand gezielt
Schlüpft aus den polsterfugen. Augen-voran zu schlängeln
Von nagenden fingernägeln
Aus dem seidenen knie geschürft
Brechen die rieselmaschen auf.
Der schlitzmond der blössen schielt
Halboffene spalten
In die breschen des blicks —
Zu kindermienen, augen der hindin
Schmächtig und überwach geschärft
›Hilfst du erklärst du mir, verzeihst
Dass ich die ungeschickte, aber nur vor dir
Verstörte bin? Und noch den anderen
Im kreis, durch den du selber blickst,
Immer zurückgelehnt, in seinen vorbehalt,
Immer von mir erwartend, das
Mich auf sein schweigen pfählt —
Ich oder die . . Wenn du mich sähst,
Wie ich mit andern sein kann — magst du die bilder sehn
Von mir — am badestrand — vom gipfel — oder im abendkleid —
Vielleicht als schülerin?‹

Den wortstahl, der die klinge fasst
Und aufdeckt durch benennen,
In der durchwohlten hand .. Nicht untertauchen,
Nicht dich hinab versinnen, an den mast geschnallt —
Chiron im bund, hilfreicher schenk von innen,
Dreh deine spünde zu .. Es schneidet die laken
Der erlisteten nacht
Scharf wie ein bootsschwert unterm kiel
Und zieht die glaswand, hinter der
Der blick nicht mitversinkt ..
Der hahnschrei der uhr (auf bitterfrüh
Und vorgestellt) höhnt aus dem sterbeschlaf
Ans werk .. Sag was
Zu meinem vesperbild — es steht für dich
Auf meiner seitenborte — wer
Ist das: er führt den bogen gut, er fährt
Auf dem dreifuss durch die luft und reisst eine kluft
Voll drachen- und erdrauch vor der bläue auf?
Wie macht sich der, auf den altar
Zu deinem kerzenschmauch gestellt?
(Was krittelt und kreuzt sich
Ein nestelfinger in die vergrellte stirn?)

Ein eselsohr, mit einem denkvers aus
Dem hinterhalt zu winken, war in das buch geknifft
›*Des reinen herzens traulich mir bewusst*‹ ..
Sternsingerin, die im sirenenwind den stern
Eugeniens auf ihrer stange dreht ›Weisst du
Das noch, die schülerin, die du geweckt hast, die
Dir auffiel, weil sie das schwerste übernahm
Und es erriet — und immer sich und dich
Gemeint hat — ob du das je gemerkt hast? Lies
Dies unser buch mit mir — nur
Lass uns die stimme tauschen‹

Weihrauch lavendelöl — ein lilarauchiger
Tränen- und trauerrand aus der dämonenschminke
Der übernächtigkeit — wehlächelt das glück
Mit augenrändern — hat sich ein pferdeschwanz
Mit fastenflor beflaggt .. Zusammen so
Ins zipfelwort vom netz zu ziehn
›Ein kleines gut besitz ich, wohlgelegen‹ —
Wo wir die türmer sind
Auf turteltürmen:
Hast du die haube
Tauber die taube —
Wer atzt mich in der laube —
Hör wie er ruckt und knickt
Und kapriolt um einen blick
Indes sie weiterpickt —
Ruckediguuh, blut ist im schuh:
Sie guckt nicht zu — —
Hast aber recht — sag mir, wie du mich magst —
Dies heimgeleiten, das du mir klug
Entleidet hast durch spät- und späterwerden
Ich bin es sterbenssatt — ›*Hier meine hand,*
Wir gehen zum ..‹ — Kätzchen, was schnurrt's
Die nägel ein und schleckt
Ringfingerpfötchen weiss?

SPINDEL- UND SPITZENSCHRIFT, ZIRZENDER LIPPENSTIFT —
Wippt einen siegestanz und kippt die wetterampel auf
Halbrot und grün und wieder rot. Denn die Schön-wetter-braut
Mit einer dornenkrone hinten-aus
Striegelt die wetterschwaden in den wind — zu winkelblicken
Auf ihre nachgestellte uhr
Und macht sich die lippen feucht:

>Wart noch — vielleicht noch heute — bereit sein,
Immerwach — wer die parole: *kommst du bald?*
Nicht überhört<.. Ein wucherndes pfänderspiel
Schürt gier auf gier, um schulden mit ihr
Zu erschleichen und zieht die preise an:
>*Bock Bock Bock was soll der tun*
Dem dieses pfand gehört?<

Das merkmal unverwandt im blick
Auf eine strassenuhr — dies nämlich ist es
Nicht sie so nehmen wie sie ist —
Läutet der stundenhammer ›topp‹
Und nimmt das zifferblatt beim wort:
Der zeiger kippt — die hand
Nimmt ihren einsatz aus der waage
Und misst die gnadenfrist
Nach langer kippe zu. — Die schiene schrillt
Und zählt die runden aus:

> KEIN Leichtgewordener, mundtot geweiht, wunschlos
> Bereit — KEIN bettlernarr, der in die schalen füllt
> Die keiner nimmt — KEIN hintersinn in jeden summ
> Und binsenmund gelegt — KEIN ›was du tust
> Und nicht zu tun geruhst, ist gut‹ — KEIN guss
> Vergeudet in den weinkrug ohne grund — auf KEIN
> Vielleicht — KEIN einethalb — KEIN wird schon — KEIN von vorn — —

Versetzt, verschätzt .. An meiner statt:
Ein scheidegruss wortloses weiss
Prangert vom gitterfach, am treppengang
In deinen blick ›Siehe wer wem
Gepfiffen hat und wer
Hat nicht getanzt‹ .. Und war
Wieder der einwurf nur
In den münzspalt der leiertruhe:

> ›Komm endlich — aber bleib — schön wäre das,
> Stirn an die stirn — nur ineinanderschweigen —
> Nun musst du gehn und — kommst du bald?‹

Auf einen schlangentanz aus qualen der
Beteuerung gezückt, ein wetter-
leuchtender klingenstrahl, der aus der asche
Der verschüttetsten esse fuhr durch deinen arm
Fällte das schwert vorm tor
Und gab die schwelle frei .. Ein mark von schweigen
Das eine seidenbrünne
Um schmächtige schultern schlaff
Und gürtellos verliess, ging in dich über und
Stieg wirbel-an.

›Ich will — *Empfange den beweis, den höchsten* — ob
Ich oder wer mit wem gespielt hat: nimm du das buch
Das die tage wählt, gute und ungeschickte,
Lange vor dir geführt, an dich. Führ mich
Die Unbelesene, in alle stufen ein. Es tut mir weh
Bis in das kreuz, was du mir angetan hast. —
Weisst du es nun, wer wem geklagt hat, aber wer
Hat nicht geweint?‹

Denn also heimgeführt, im rieseldunst
Der sonnenferne . . Schamroter brand
Der innenhand — im brautlauf, rutenlauf
Durch das gehenkte licht, lampen wie leichengift
An den gespenstergalgen:

›Es hornt — hörst du das nicht — es schreit
Wie fledermäuse — hinter den ohren — und will herein —
Es spukt um sein totenbett — es riecht wie horn — *Gräbst du*
Mir einen namen ein — auch nicht ein Schlafewohl? —
Einer jongliert mit kindermasken —
Durch die du selber blickst — das meuchellicht
Sticht ihnen die augen aus — ich oder die — es zieht und zieht —
Von mutterseit — ich bin die erste nicht —
Hab ich das in mir — ahnst du nicht was
Ich bin — magst du Ophelia?‹

Ein schmaltier, das zur seite geht
Zum tisch, an ein spätes gericht
Geführt — milchweisse linnen, um
Nicht zu beschämen.

›Versprichst — nein, sprich mit mir —
Sag was du sagen musst — weisst du das nicht?
Glaub mir es stockt nicht mehr, sobald — es fliesst —
Wie soll der ringstrom gehn, wenn man den ring
Nicht schliesst?‹

Nur aber kurz, zu kurz geschlossen . .
Die alte krämerwaage knirscht — der rechenseiger
Sichelt die trennwand zwischen stirn und stirn
Hervor . . Schon gut — versprich, dir oder dich —
Wer sich verspricht, verbricht:
Nur wo ein strombett unverstockt ergeht,
Reift aus den scheidewassern auch
Das gold — nur wo der ringstrom schon
Besteht, schweisst er das gold — —

              Fallwind zur rechten zeit
              Senkt eine brünne schläfenweh herab . .
              Koch' tee, wärm' eine kupferflasche
              Für kreuzweh und seitenstiche, leg decken auf
              Den halben schlaf . . ›*Halte die nacht*
              Mit dieser aus, so will ich dir
              Auch noch die Andre geben‹

Ein gleitender seidenkamm, die langen durstigen
Wimpern durch deine hand
Trinken ein Schlafewohl. Der mondstab schlägt sein kreuz
Und schattet den schlagbaum zwischen ihr und dir.
Wenn du noch weiter wachst,
Schlägt dir die wache unter ihm
Den mantel um, maltesergrau . . Im heuchellicht der frühe
Von kräusellippen sauersüss begrüsst — um abernichts
Als wiederkäun, von einer kälberstirn ertrotzt.

BIST DU DAS BIN DAS ICH UND GEHT ZUR RUH AN WESSEN STATT
Wie hinterm sarg mit dir und mir getrennt im toten takt
Der pflasterzeilen? . . Die scheinfrucht der nacht, eismond in uferrahmen
Scheckt dir die efeuzacken um die stirn. Der schattenarm
Winkt an den steg ›*Hier meine hand, lebwohl, wir gehen zum*
Altar‹ — Dies ist die schwelle — nun, Eurydike
Vergiss nicht umzusehn: sonst geht die Wiedergängerin

    Im halben schlaf, blutsaugendes gelall am ohr
    ›Ich wollte dich, hinter der nückenstirn, nur immer ganz —
    Ich tat dir weh, um mich dir einzuglühn und lag
    Gleich unterm horn, wund wie ein nagelbett, dir preis.
    Du musstest stärker sein, nicht schonen, von der mutter fort
    Mich zu dir rauben: ich und das himmelreich wollten gewalt‹

Raub wider raub: alle namen von dir, wie rote zigeunerbeeren
Hinter das ohr getan, sind längst zurückgeraubt . .
Ein russiges räucherbecken dreigefusst auf dem balkon
Von heimverlangten briefen in die vigil des winterwinds
Entpuppte den wunsch: aus der alraunisch kriechenden glut
Einen paarrauch der singschweift unverwölkt vor der gedachten kimm . .
Die war dir vorgestreckt — ist lange zu haus — und hat es gut.

    ›Und wärst du nachgereist, das eine mal wo ich —
    Wer weiss — vielleicht dich suchen war‹ . . Was fällt von innen bei:
    Die in der magengrube wohnt, beschwört und ringt —
    Ein heimweh in ein nirgendwann zurück, einwärts verblutend
    Weint und besticht mit kinderstimmen ›Zu spät ist nie zu spät‹. —
    Die Wirtin weiss: einen wagen der immer kam — der sie mit sich nahm . .

Sieh zu, Herr Nachbedacht: Mütterchen Oberin anbei
Schickt sächelchen zurück, in schnörkelschrift und triumphiert
›Von dieser hast du den kelch und hast den most gehabt, die ganz
Aus deiner hefe war, im bund mit allen zeichen ging
Wie an der rufschnur laut gab auf den puren traum‹ . . Isis,
Das also war — ein vorhang wiegendunkel, mystisches kraut-
Und gläserblinken bei einer trockenleine überm herd — —

    Kummerlos allein — den weg zurück — die doppelspur ein stück-
    weit von der tür — drei linnen tief — schweig sie in dich hinab —
    Den schlüssel unterm fuss — rück nichts heraus, kein blatt — lass sie spuken
    Um das eigene grab . . Zerpflückte himmelsbriefe in den wind —
    Schneeluft voll weisser enden — geben die aschenbahn
    Der ferne frei — der schattenstab steht in den steilsten nord.

WO WENN NICHT DA UND DORT? — Gleitende rädernacht
Der liegewagen unterm takt
Der toten gleise durch den gespensterwald
Huschender masten abwärts der flachen küste zu..
Im feuchten mutterhaus, fachwerk und strohgedeckt
Zwölf niemandsnächte im küchendunst
Dampfender milch, bratapfelduft
Und windelleinen überm herd,
Im durchgang die warmen leiberflanken
Der kühe — verhustet, reingeschneuzt..
Derbes geraffel, welpen und gänseklein
Der nächsten balgt um den mitgebrachten stein,
Beeren- und grüngesternte
Kette und ein geschecktes tuch —
Gib sie zurück, sonst geht der Wiedergänger um
Sich selbst, ein grab das ist in ihm, sobald
Sie nicht mehr ist —
Vor einer kindertruhe
Mit dem ersten buch, voll sphinxen- und drachenkämpfe
Gekniet, das gut und böse unterschied..
Das also war — lösch aus den zwingspruch von der stirn —
Sag, wer du — frag, ob du das bist — lass es zurück
Auf andern knien: der nächste will es — ›Hilfst du,
Erklärst du mir?‹ — nimm es nicht auf die fahrt
Mit dem erholten licht zurück.

WER WENN NICHT DU UND DER? — Balsam der augen, nüchterlicht
Hinter der scheibenwand nach nord vor einer
Staffelei zu gast. Der Widertäufer, Türmer nach innen
Hisst linnen auf, eine wachswand der innenstirn
Glättendes weiss: tafeln der matutin, darein
Der wetterzug der keile

Die aus der fläche ziehn durch eine rieselung
Von schlaf — kiele in samenform
Stechen ins sein — den heilschlaf unterm schild
Der schlange, im larenfach
Der wand, die aus der flut hebt in den eingeborenen
Azur der augen —
Und schweigt den rat:
Ein ohmwort ohne ›ja‹ und ›nein‹ —
Wie trennsalz in das bad,
Ein mondbad voll aufgewölktes,
Senkt dir das blut —
Zinngraues zeug wie augenschatten
Trieft aus den rändern ab.

WANN WENN NICHT DANN UND DANN? — Das geistertuch
Ist eine saalwand tanzender paareschatten und
Zerreisst: tritt aus den ascherwochen, Wiedergänger an
Die buntgemachten borten. Die prismen des blicks,
Flimmrig und ungewöhnt, an mohnrot hinterglühte kelche
Gelegt, von tisch zu tisch
Werfen die bänderschlangen,
Ein netzendes streulicht, an wimperseilen
Lichtschwer und beuteschwer eingeholt..
Hier ist ein bienenkorb: ein hellwach-versunkener
Rüttelnder lobgesang der augen
Im einfall des lichts tanzt einen botenfund
Und ahnt sein fest — ein flüster-
singendes zwiegespräch, zwischen Kore und stern
Liebwandernd wanderlesend über die mienen
Des einen gesichts ›*Ich möchte dir*
Dein ganzes innere, den Einen namen sagen
Der dich und mich, eines vom andern ab
Aus Einer taufe höbe — aber
Bist du das, bin das ich?‹ — Ein leuchterding
Das die kristalle dreht, schleudert ein namenhundert
In jeden blick — mich oder dich in eine reigenwand
Vermischt verwischt — in einen einzigen
Schallraum der singdröhnt in übertausend
Stimmen, durch die du selber klingst.

BLEIB NOCH, SOLANG DIE GEISTERSTUNDE
Ringe und scheidewege mischt — lass es
Geschehn — kein platz ist ungesehn —
Vielaugiges lichtspiel unter sich — denn es will dich,
Durch dich sich selber sehn..
Tritt in den wahrkristall —
Blinke und schall — falschgrün bis rosmarin —
Blinke die weiterziehn — ein oder aus
Wimpern- und maskenspalt — geh nicht nach haus —
Wer mitspielt ist nicht alt.. Siehst du
Die Miterstandene (ein trauerflor
Weht vom gerafften haar) zögert vorüber und
Tritt an den andern gang — ein hilferuf
Der augen, augen der Jünglingin
Die sich über die schwelle schmiegt und
Einfach zu füssen setzt — beinahe Schwesterliche
Die über nieberührte
Tasten verfügt, im sarabandenton
Dich bei der hand durch niebetretene
Gärten um sachte stufen nimmt — Summträumerin
Marmotta eine nacht zu gast
Die kommt und summt und geht — auf
Danken ist sünde, das glück
Schliesst keine bünde — es gibt
Nur was du hast und will zu gast
Bewirtet sein — wer danksagt
Streicht es ein — — Und noch ein
Leisester takt, der in die finger will,
Ein schanklaut von brüdertürmen, läutend und gastverwandt
Aus einer andern schicht
›Dies ist die insel — tanzt du nicht?‹

Lichtschaum sekundenstrom in tanzenden
Ballonen von tisch zu tisch und über die fingerknöchel
Einander zu in nacht-ein
Rinnende fensterhöhlen — nachhängende arme-
Und halmeflut durch die getrennten türen..
Wie seitenstiche — hinter paar
Und paar (mit Einer immer, die das haar

Auf seiner schulter aalt) fallen die schläge zu,
Mit fenstern ohne spalt verschalt, und sind die strassen ab
Verhallt — ein roter kaminbrand, rücklicht in funkenschwärmen
Lenkt in die tunneltore ein .. Herr Nachbedacht, du hast
Das nachsehn — nachzusehn: du und der stromerwind
Von hinterm park, durch die verzogenen gase,
Hellmüde, überwach geschärft
Zum anemonenschein
Auf wolkenunterseiten
Ob für den widertod
Die wunde heilt, indem
Sie aufersteht — —
Sieh nach dem eis:
Die fahnen des frühlings mit jedem tag
Weitergesteckt, drei vor und zwei zurück — —

BLAUWEISS GEWELLT
In die verdünnte luft
Wind-auf und ab
Nach der geschweiften kimm
Aus fliegender winterasche
Um ein beflortes kreuz,
Kahles gestein
Trifft sich ein silberblick
Im blanken fluss
Tauender böden an
Für eine wolkenlücke.

11/12

DOPPELKONZERT

EIN ZIRPEN, EIN
Zikadenton, der irgendwo aufsprang
o Nichts als sich selber meldend
Und seine etüden übt
Im feilstrich
An der eigenen schale,
Der die sekunden — nadelstiche
In einen schlaf — versprüht;

Deren jede ein treffer ist
o Der um sich her die scheibe zieht:
Ein federndes trichterfeld
Aus wellenschlägen, um aufgeworfene
Bläschen aus drall
Verpufft in weiterstösse;

o Kleinste oasen
Mit fächerpalmen aus schrapnell —
Und in ein stachellicht
Zerstrahlt — von seidenen pricken,
                          etwa
o In einer augenbraue, irisiert;

Es ist
Etwas daran: verdichtetes,
Ein springender punkt und mückenei von kitzel
Zwischen zwei fingerkuppen
Aus sich
o   in dem korallenhain der rillen
Unter- und ausgeschlüpft — —

A: DA IST EIN BLÜTENKORB
    Und schlägt die schalen auf
    In eine hintersonnte
    Buchtung von stirn und hebt
    Ein selbstgespräch
    In farben an;

B: Ein kühler brodel unterm lid
    Und leberbild in fluss:
    Es drust in honigfarben
    Wabenweise, aus dem opal;

o Das glockentier
    Im meer, den schirm
    Von sonnenflecken überhellt,
    Das nur das eigene läuten hört;

A: Zum halben schlaf:
    Die wasseruhr der traufe
    Ins neuland der sekunden puls vor puls
    Die stapfen setzend — ein roter punkt
    Im dreisprung des blicks
    Legt eine route vor den fuss, aus wegemarken;

B: Ein dunkelfeld voll aureolen
    Das seine male mischt, rote
    Und helle körperchen, tönt einen hinterrand
    Wartender formen an: gewesenes
    Das aus dem vorschlaf kommt und von der farbe trinkt,
    Dringt in sie ein und träumt sie um —
    Dichtet ein lüfteflimmern und, aus dem hervor

EIN TROMMELWIRBEL
Spreitet die tenne des gehörs —
Ein trampolin voll kichererbsen . .
o   Der himmel ist
Aus poren,
           jede ein flintenmund
Voll schrot und schloossen . .
                   In der hohlen nuss
o Dröhnt ein hornissenschwarm . .
Sind strassen im gehör des blinden
                     aus dem vorüberziehn
Rauschender regenschirme —
Wolkenwege aus kühlerwerden
Über die hügelkuppen des gesichts . .
o Ohrensausen: ein luftmeer voll glocken und gamelan
Unter brechern von schall, in ungetrennten symphonien
Gebeugt —
       rädernde ketten:
                ein schlachtenlärm
o Schlägt in ein kinderweinen um —
                  hämmernde werften
Sind ein gesang
       im feuerofen —
Ein sägewerk
Schreit ›*Barrabas — Elí, Elí*‹

GITTERKRISTALLE
Aus ebendem gesiebt
o Riefeln den vordruck,
                eine schummerung
Von wellenlängen
Wie wasserzeichen
             in den dunst
Und rütteln den springtanz — schwingmehl und pollenstaub —
In die gräten und fiederungen . .

      Wandert ein wagenzug
      Grauer gespanne, aus einer steppe, auf mich zu —

A: Um einen splint,
    Ein drehgelenk der stirn, mit baggerschalen
    Klaftert ein augenpaar hinaus und rafft
    Eine kaule voll wald in sich hinein . .
    Auf waldgang, in sich hinab:
o Ein zwillingsgeschütz von lichtern
    Das in die schere nimmt
    Buchtet die grenzen aus
    In grüne konchen
    Voll durchblick und hinterhalt —

B: In sich hinab —
    Pirschende krauelschläge
    Hinterm harpunenstrahl, tagstrahl aus taucherlicht
    Um versunkne galeeren
                       und muschelpfähle,
o Zertalte totenhaine aus braunem tang
    Voll stimmengewirr
    Lautloser münder, die das licht umstehn — zu gründeln,
    Bis das in nebelmilch ertrinkt — —

A: WEISST DU AM FENSTERKREUZ
    In einer winterstube
    Noch das kalenderbild, das tag um tag
    Ein tor entriegelte in eine stadt, die nicht
    Da draussen lag:
    Ein fest von edelsteinen am hellen tag
    Brach aus den flügeln ein —

Laufende kräuselungen
              von bön
Mustern die meeresstille .. In blumen von eis erstarrte
Schüttelfröste
Mit nadeln in das ungefähr
Hinausgefingert spannen ein federbild
Aus rhythmen — hinausgebördelte
Schlengen in ein watt und bohlenwege
o In die erstreckungen gerippt ..
In einer sonst nicht wahrgenommenen
Bise des lichts
          an kielen umgeführt:
                ein fadengehänge
o Schwebender orte
        vor staubige dunkelheiten
Sehr weit hinausgestielt
            hebt siebengestirne
Von dolden und
o Tritt in trigone ein ..
Es scheint ein legespiel von kletten, nach art
Schwarzer und weissgeaugter steine
Probt seine muster durch
            auf geratewohl
o (Es tüftelt den rätselplan hervor, so oder so
Für einen zeitvertreib
Der lettern kreuzt, zu füllen
Und foppt mit hintersinn) — —

o Die muttermilch ist ein gewirk
Aus weislicher punktur, aus einem drüsensieb
Genetzt in strenger zeile — ›*Die Mütter sind es*‹ —
Ein zifferblatt krummer profile, nornen-
profile der zahlen (sind eine ofenbank, ein kränzchen
Hakennasen und spitziger kinne
Um einen rahmen gitterleinen
o Durch den die nadeln gehn, emsige häkelfinger
Zu stickerein: der kelim aus chlorophyll,

B: Dann um die neige schlug
   Der flutweg um:
   Flecken von märchenrot und knusperbraun
   Über die pflastersteine —
   Ein einzug, ein advent von farben
   In gestalt des lichterbaums erging — —

A: Du hast hindurchgesehn,
   Das guckloch in der kinderhand
   Gedreht: ein dreikantzepter mit dem wahrkristall
   Im knauf barg eine kleine mit bunten scherben
   Gefüllte zelle unter marienglas —
B: Die dann der gral betrat, sobald du
   Sie vor das auge hieltst: ein ding das immergleich
   Aus einer spalte licht bestand, durch spiegelpaare
   Vervielfacht, zum stern ergänzt (dein tagorakel
   War das: eine rubinene monstranz
 o Mit immer anderen dornen, kronen
   Und kristallinen rosen,
   Die weiterrückte mit jedem blick
   In tod auf tod von sternen
                    auf nicht-mehr-wiederkehren)
A: Sternseher so
             auf wacht
   Jeder an seinem schlüsselloch, um einen blick
   Ins paradies —

B: In die perlmutterscherbe
   Himmeltief hinab .. Eine kleine, nicht zu durchschauende
   Amethystene druse — lichtlos wenn dicht am blick,
   Unscharf wo weiter ab — war eben drum
   Die porphyrgrotte,
             die ein Byzanz
   Das im purpur der augen schwamm, gebar — —
A: Wie denn, von hinterwärts durchsonnt, der taumelkelch
   Der amarylle stand: ein mahlstrom rotes loh'n

Ein kanevas aus metren geht hervor)..
So wird ein rogen worte, von tümpelrändern
Ins zu bewesende gelaicht..

o In knotenschnur, mit bünden aus ›ja — nein‹
 ›Icht oder nicht‹ ist ein arkan verbrieft:
 Ein schürzender gürtelstrick
 Voll amulette, krampen und drudenfüsse
 Wie wurzelreihn von zähnen —
o Jedes ein kürzel
               in chromosomenschrift
 Ein stammesgut verziffernd und
 Von tracht zu tracht
o Weitervererbt: das grillenspiel der arten
 Kettelt sich selber fort — —

o
 EINE PHALANX VOR ORT
 — Ein schriftblock in gesperrtem druck —
 Die das weisse durchsetzt, tritt gegen die leere an:
 Siegelt sich selbst, das merkmal
 In den Saharasand — die rune des rechten winkels
 An den bewohnten stern signalisiert — —

o Zu folien ausgerollt
 Von malerrollen
 Gepaust: in steigender kettung
 Bändern die weberbriefe
 Sich in das mögliche hinaus..
o Rasternd vermehrt und ausgestossene
 Scheine: reihn einen klippensteg
 Fliegender teppiche
               die serpentinen
 Des aufwinds hinan — —

    Und salamanderweben ging da um; eine haube duft
    Schlug überm atemzug zusammen;
    Ein pfingstgeläut aus röten ins ungehärtete
    Gefäss der glockenspeise rüttelte den akkord —
    Den sprudel in den gaum der augen,
    Einen stössel, der farben rieb — durst und arom
o Im mischkrug, brautgemach verschmelzend . .
    Eine blume aus nachgeschmack entstand —

B: die abgelöst
    An ein hintersims, voll krüge und vasen, trat — den lockruf aus duft
    Erwartend, um wieder vorzugehn . .

A: Gangbar gesungene, rohr neben rohr
    Ins heisere, vom singfleiss vorangeübte
    Stimmen in einen chor —
    Die werdende bündelflöte an der lippe Pans . .

B: Ein sammelschrank voll erbe — manual
    Von geisterhänden, in tassen und und gläserrehn
    Das auf die tasten anspricht die du sonst nicht hörst.

A: Halt dir die ohren zu —
    Da war die kleine
    Gläserne kugel noch
    Mit dem verschneiten dorf darin
    Von einem kind bisweilen
    Gerüttelt, aus dem schlaf gekehrt, das dann
    Ins weisse verschütten sah
    Und mitverstummte — —

B: GRAUPELNDE WÜRZE
    Der luft durch kiemengeäste
    Siebender bläschen
    Auf samen gezogen —
    Windwege der list —
o Windet und keltert es
    Sich an sein ziel:
                  ein elixir
    Von gefäss zu gefäss, um einen stich
    Reifer zu sehn — —

DER KLUMPEN BRIES
    Auf einer untertasse balanciert —
    Dies schütternde dotterding
    In der behaarten nuss
o Das durch die fontanellen schlug
    In dem der Phoenix schlief —
    Ein flügelrad voll augen
    Im schild, ein stirn- und giebelfeld
    Über der schädelstätte
o Geführt, an einen abendhorst: im hochgeäst
    Der esche (die ist aus mark und eingefleischt
    Mit spreiten in nervenschrift
    Voll mitgift aus verästelungen:
    Ein pendelnder saftstrom —
o Eine sanduhr im rückenstrang —
    Treibt seinen aderplan voran
    — Die hantel leuchtet auf — in eine doppelkrone:
    Denn der wipfel der einen
    Ist der anderen wurzelwerk —
o   mit noch dem anderen nest
    Darin: ein knitterädrig
    In der drüsigen eichelform
    Enthaltener sippenbaum) — —

o Die Ökumene
              Mittelgart
    Stoff-einwärts in das weiss gelegen
    Ist ein landgewinn
                      aus durchwachsenem flomen:
    Urbar gewordenes
o In immer feinerer
              durchfelderung
                          vererbt — —

A: In salinen des lichts
　　Blüten noch aus dem bittersalz des winds
　　Kristallisiert: und so
　　　　　　　　　der ganze stern
　　Ein hauchfein verkieselndes
o　Wasser- und luftgewebe
　　Ist ein womöglicher opal, in den
　　Die anderen, andere sterne sehn (zur not
　　Am langen spiegelarm, einer den anderen
　　Heben sich aus dem sumpf) — —
B: Ein flockenfall
　　Grünliches licht

　　　　　　　glitt über die schultern ab ..
　　Äsende sinne
o　Durch einen schoossraum,
　　　　　　　　　aufgetan
　　In moosgrund
　　　　　　und blätterdach —
　　Ein buchenlabyrinth
o　Nur aus portalen
　　　　　　　mit augenknorren von überall
　　Die schwelle auf schwelle legen:
　　Durch die riegel des hängelaubs
　　　　　　　　und wärmerer luft
o　Sich blättern
　　　　　　aus lauter schalen
　　　　　　　　　　in die geburt —
　　Werdende chylen des nesselbrands
　　In der geriebenen haut — —

A: Auf den nasenflügeln des wilds ein rütteln lang
　　Den wind zu holen ..
　　Dies immerflüchtige von duft, das ist solang
　　Du es nicht hast, das nur
　　Ein rauschen der schwelle ist, solange

      Jemandes übergang sie streift,
      Ein dürsten lang zu haben . .
B: So zug um zug verzichtend
      Ein gaumensegel, leise geschwellt
      Von einer frühlingsbrise, um folgen von vorgebirgen,
      Irgendwann gesehn — und wiedergekannt —
      Zu führen;
A: Wo du ein quellengänger in den süd,
      Den feuchten finger in den zug gehoben
      (das ist, ein pendel führst
      Zwischen den fingerkuppen)
      Um klippen aus widerstrebendem der luft,
      Leichte gebüsche teilend —
                      tun sich die sichten auf:
      Ein wehendes hügelland nur aus vermuten — und
      Kühle die um die zähne schlürft, wie pfefferminz — —

B: Blindweidende augenlust —
      Von einer schmeichelfrucht
      Aus widerhall der hohlen hand
      Liebkost . . Dürstende fingerrillen
      Vom beerenschmelz geletzt . .
      Ein schläfrig gesonnter
      Aalstrich, der unterm bürsten schnurrt
      Brüstet sein wohlgefühl in meine hand . .
A: Gekraut gerauht — gib nur die hand,
      Fühl besser zu: ein feiner nagel
      Zieht hinterm samt der kuppen nach und nimmt
      Die schmeichelein zurück . . Schneidendes viperngras —
      Ein schlangenzahn
      Von sandkorn in den schuh geschnickt — ›*Der leichte fuss*
      Trägt nicht in ewigkeit den felsen ab‹ —
      Hadernde härten unter jedem tritt —
      Der rissige schrei der grate
B: — knirscht seinen härtegrad umsonst
      Ins ungeritzte blau . .

WANDERDÜNIG
Ein gefälle von jahreszeiten
Hinan, den auslauf der alten gleise
Nach und nach verschiebend —
Schwellen der angelahnten krume
o Dort abgebrochen, hüben verlegt
In neue lose — von erntewinden
In lange wehn erstreckt und abgewickelt
Um eine nabe die nicht erscheint (die rückenspirale
Des ringbuchs, das sich im kreis
o Durch seine alter blättert: ein kartenwerk
In platten aus kalk — herbarien
In der bilderschrift der rippen
Und kieselskelette; unterirdisch
o Verlangsamt, zum perikopenbuch der ewen
Versteint —
       zu buch
             und wieder aufgeschlagener
Auf schulgang österlich
o Erstandener schiefertafeln
In kinderranzen
Mit schwamm und lappen daran —
             sauber gelöscht
Für wieder andere kritzelein) — —

o FLOCKENDES WEIDENLAUB — DAS LICHT
Lässt strähnen wehn, in banderolen
Aus sich wellendem glanz:
             wabernde samenschwärme
(Sind ein wettlauf der notnunft, ein brautlauf
o Balgender vagabunden) und irgendwo: ein trüllender punkt
Im licht, Kentaurin Erde mit blondem kometenschweif
Im tummel des sonnenwinds, die ihre hüften dreht
Nach einem schwanenei gerundet,
Wirft feuchte blicke, milchiges schwangerlicht . .

EINE SCHAMANENSTUNDE
Du vor den fächerschrank gekniet:
Die minerale, namenweise
Eins nach dem anderen in der hand gewogen
o Am aughaar ausgesponnen
In winterstern auf stern
Aus eben dem kristall —
Wechselnd betreten:

    o ›Sirius, blauer zirkon —
     Brennender hyazinth Aldebaran —
     Aus rosenquarzen der Venus
     Kreisende hochgebirge —
    o Steinsalz in kuben, zu glimmerweissen
     Nekropolen auf dem Saturn —
     Arktische ausgeburten des Arktur:
     Schelfe voll statuen
     Und kalkiger kakteen —
    o Langsames niederfallen
     In eine unterstreu aus glas
     und grünem kies von sinterfrüchten
     Ohne verwitterung, die lautlos darin
     Zerschellen‹ — —

A: Altweiberluft
o Voll flughaar aus dichtermähnen —
 Die eigenen wirbel
 An jeden wind geknüpft
 Spinnt es sein flüsterdach:
     wo immer
o Du deine glieder streckst, es ist
 Unterm zenit, im schallfang (dein storchennest
 Auf der nabe des rads
 Ist der nabel der ganzen welt) — —

Hielt also wort ›der lendengürtel
Und daubenreif der erde
                      aus liebreiz und blauer luft‹
Ein wenig umbenannt in diese leit-
Und lüsterzone,
o Die funkende silben fängt: seidige husche
In schlangenbuckeln
              um den wendekreis
Gewellt .. So durch ein meeresleuchten
Schwärmender algen, im luftmeer der Galathee
o Steuern die winke
In fesen aus lichtstoff — eine flottille
Von tilden — an kolonien — —

LEBENDE BLINKER — FISCHMILCH UND SILBERSCHUPPIGES
Spriessen: ein wolkenrandig
o Quellender schattenfisch
Mit flanken aus flimmerschlägen
Der sich ausstreckt und in sich kriecht —
Hält sich ein unterschlupf
Aus wohlgefühl
o   und schoossvoll junges
Ohne ein muttertier
              in flagen von angst
Geweidet —
          der durch die wetter schralt ..
o Eine treibende wasserschleppe
Flutender hahnenfuss,
              lenzweiss beblüteter — dereinst
Brautschleier Opheliens
Lallt zungenlos ein leid
Das in den strähnen blieb
In stickerein ..
        Wir sahn
o Mit ährengehängen,
              nesselgirlanden
Voll springender harpunen

B: Delphinisch angesungen:
Vom schallwind
              gebeugte kiemen in dem gehör —
Mit seiner stimme tastend (durch einen umhall
Voll abdruck der dinge,
o Der die echo verformt) an- oder ab-
gewarnt, -geworben
Fahnden zu sein ..

A: Ein waldrand voll masken,
Altgrüner atlas in tapeten
Um ein kindbett
              und fieberbett gedornt,
Marlte den blick —
o   in ein altes gesenk
Der seele passend: ein schielender vorspuk
Von augen, die dich (wie den eigenen zeigefinger)
In ihre deichsel nahmen
Lässt nicht mehr los ..
o   Du heckenschlüpfer
Grasmücke meisenmönch
                  bist angeschirrt —
Das leitseil des zweigestirns
In die nuten der netzhaut ist fest verhakt —
Auf träumerflug geprellt, immer
An diesen speichen um.

B: Halbschlafender wärmequell
Der reibung, in nesselhaaren
Ursprungbreit, vom leisesten abstreif

                                  und schlagender ruten
        In ruderzeilen
                segelnde blumenstöcke:

o Brauchzeit —

o   die barke des traubengotts
    Auf flurgang
          felderwecken
                    durch das meer ..

o Ein halbmond

                schwimmender garnisonen

o Und läutender
          kordon
                  von glockenbojen

    Der hand, entkorkter bienengeist
    Reibt sickernde morgenröten in die haut — —
A: Der seidenton
    Vom aufstrich der fingerrillen
    Am kelchrand, das unversehrte prüfend
    Hob einen span aus schall
    Von dieser saite ab —
B: Aus versiegelten kielen
    Blustender kükenflaum nur durch ein
    Hauchen darüberhin, das dir
    Aus einem unding, struwelding ein gelbes knäul
o Von duft und osterwonne
    In die hand gebiert —
A: Funkensonntag: von rutenschlägen
    Gepocht,
              forsythiengelbes
    Spriessen von lauterlicht
    Über dem brunnenrohr
                   des zweigs —

B: Den sonnenaufgang, eine
    Springflut an klippenrändern, wimpernweise
    Von degenschliffen
    In ein wurfspiel zu eis-
    Und splittertönen
                 wie möwenschreie
    Und tunkende flügelspitzen
    Über die nässe hin, pariert — —

A: Schnurrträumerin auf meinen knien,
    Du presst die augen zu und in
    Ein zwiegespräch von haut zu haut —
    So geht ein ruhestrom
    In breiter aufspur zwischen dir und mir
o Hervor .. Flüsternde funken
    Als wimpel der sekunde standen
    Für einen wimperschlag im raum —

  Im kondukt

     der sich selbst geleitet

o Eine rinne aus wärmerem
       beschreibend —

o   ausgeläutete
 Glasen,
   flaschengrüne

o Verkorkte posten —
     von wem —
       mit was —

         an wen? — —
o Senkrechte stäbe
     scherenweise

       die frucht- und wasserhaut

o (Als ob ein eizahn von innerhalb
      sich regte)
        zerschneidend

Scheiden die luv und lee — —

B: Winzige liebesfackeln —
　 Dem lockstrich der hand
　 Erwidernde rötewellen . .
　　　　　　　　Ein handlauf aus leitendem
　 Läuft an der steige mit — es haftet wie blütenstaub
o Von entbundenen knisterähren
　 An deiner hand . .
　　　　　　　Puffen der luft
　 Die der gangwind um die stirn bewegt
　 Tun horcherspalten, aber
　 Nicht zu belauschende auf, da
　 Offen solang du weitergehst . . So fuss vor fuss
　 Auf deiner höhe mit:
　 Stehn raine aus binsen auf,
o Ein ohr voll wispern lang — —

A: Dies flugkorn von eigenlicht, vom augball
　　 Aus der wandung gedellt (du hast das läutwerk
　　 Das die geburten schlägt, gehört) zwischen klöppel und wand
o Entbundene glockentöne
　 Treten die reise, in ganzen schwüngen, an:
　 Schaumbälle aus schillerluft von einer
　 Flirrenden speichelhaut
　　　　　　　　　im mundreif abgeschnellt — —
B: Auf ein fingern von augenmerk
　 Und millimeterkleines drehn der linse,
　　 Das ein lichtkorn — dir selber den sturzflug — ein lichtjahr
　 Hin- oder herbefiehlt . . Hindurchgetaucht:
　 Ein lichtmeer von eihaut aus dem zerdehnten punkt
　 Wirft an ein festland — reine geschiedenheit
　 Von ufern — dich und dein gegenbild
o (Es liegt in der augenwiege
　 Des schwarzen sterns) . . Jungfraungeburt:
　 Am ziehbaum des vorgeschickten strahls
　 In seine angeln,
　　　　　　ein sattelpaar

o EIN HAUSHALT FLIMMERTIERE
          zirkuliert:
 In ein banngleis
 Pulsierendes trommeldach, geherrscht
o Durch ein rhizom aus kapillaren..

        Mutterstädte —
 Halb aus dem grund gehobene
 Dampfende nadelbauten
o Voll sklavengewimmel
 Das maden schleppt,
 Mieten voll algenbrot
 Die in der gare sind
       beschickt
o Und futterraufen..

o   Allenfalls

 Wo die wandernde gerte
 Vorüberkommt
    und schürt:
      aus tausend nadeln
o Blindlings gehaderte
 Wassergefechte — ein geisterschiessen
 Der ohnmacht (denn der imsengeist
 Ist ein kühlender reiz, wie opferharze
 Nieswürzig einzuziehn
o
      von beräucherten händen) — —

An der wippe des lichts gehoben — drehbar
   Um diesen splint aus glas, in seiner hand — —

A: SCHÖPFRAD MIT TAUSEND RADIEN
   Und zifferblatt aus zwölf an zwölf — es rollt und
   Rollt in das scheitellicht
   Ein gipfelleuchtendes band signale;
B: Unter der sperberbrust der wolken
   Ein hügelland gezeiten
   Tagt aus dem wattenmeer den archipel
   Der horste, die in die röte,
   Streifengewölk der frühe — dieser
 o Sich unterziehn .. Die vogeluhr
   Des tags, ein weckruf und hahnenschrei
   Von gehöft zu gehöft, stabreimend fortgepflanzt
   Legt eine singspur, länderspur —
   Den streckvers, über gipfel des tons ..
A: Von nistern der vogelschau, auf wagenrädern
   Im messpunkt und zirkelgelenk
   Des eigenen umblicks
   Gezogne reviere (jedes um eine andere
   Nabe des winds, in heikler verkettung: eben
 o Einander ausser sicht) das schweigen belagernd;

B: Das schweigen überbrausend
                            in den prophetenbausch
   Ein gehäuse aus wind gepludert
 o In den windbruch der ewigkeit
                            hinausgethront:
   Ein schreibpult auf seinen knien —
                            das tier
   Das über die schulter brummt ins buch, aus wetterblauen
 o Schluchten des sturms
   Hervorgeträumt;

UND IN DAS FISCHERNETZ
o Aus über das zeichenbord
   Geworfenen graden
   Verstrickt: entwittert und blank poliert
   Ins kabinett
   Aus bücherwänden
o Gefasst — dreht sich der schwere
   Findel- und wasserstein
                      kleinfingerleicht
   Um die geölten pole
            durch die mensur
o   der messingbügel
   (Bürsten sind das, mit strichelhaaren
                     die wirbelströme
   In seine rinde reiben)
              die elefantenhaut
                    an runzelein ..

o
   Noch überhin
   Von der stählernen kante
   Des lineals
   Wie nachgezogene
o Büffelpfade
   Sind risse — ein seitenspiegel in das feld
   Liniert, der zu beschriften wäre;
       Die gartenleine ist am werk
       Und schnürt die raine, säuberliche
o   Rabatten auf kies-
       Und trampelpfaden zu begehn;
   Und schicht über schicht, mit kalter nadel
   Sind in den plattengrund geknirscht
   Kanäle, in grate gedeicht:
   Prärien aus musterbögen;

A: Vierfürsten der himmelreiche
　　In ganzen sphären —
　　　　　　　　　　pfründner auf niemandsland
　　Im eremitenschlaf auf einem bein,
　　Die habe unterm platten fuss:
　o Himmelbreit begütert, obschon
　　Keine sohle tief hinab — jeder nach jedermann
　　Die augen zu, steht seinen flügelmann
　　Nur mit sich selbst in reih und glied ..
　　So um den poggenteich (die alte suppentasse
　o Voll eingebrocktes
　　Mit dem apostelbart geringelt)
　　　　　　　　　　　halbverdautes
　　Im väterlichen kropf, aus dem ein gebälge
　　Schimmliger brut, ein nest
　　Aus kalk und sparren voll, es wiederfischt ..

B: Wo immerhin
　　In das gerodete (eine tonsur des walds)
　　Das richtscheit von der wand der zelle
　　Ein pergament voll maasswerk übertrug,
　　Arme in jeden angelwind und ein geviert
　o Windstiller luft voll brunnenlaute
　　Aus bogenfries gefälbelt, in seine achsel nahm —
　　Auf pilgerfahrt, durch ein brevier von gängen
　　Von beet zu beet geleitend:
　　Senkte die rutengängerhand (weihrauchgegerbt
　o In geschmeidiges lamm) augen des morgenlands
　　Spät eingeholt, auf seidenstrassen
　　In die perlmutterhaut — heidrose, wiegenstrauch
　　Schlafdorn der mädchenröte, in dem die ader schlug —
　　Die auch zutage trat, in den durchwachsenen hundertfach
　　Gefüllten kelch ..

                Nämlich die wasserstadt
                Mit rillen und biberdämmen
                Von einem kinderabsatz
                Zwischen pfütze und pfütze in
                Den regensand geschlurft;
            Eine in zirkelschlägen
    o   Von schnitt zu schnitt
            Über die zwischenräume
            Hinweggebrückte
            Gravur von kurven
            Schürzt ihre knotenpunkte
    o   Noch da hinein;
                    Siehst du? das riesenspielzeug:
                    Es legt die schlingen aus, verfängliche klemmen
                    Von stuben- und ländereck zu eck
                    Der erde angelegt .. So oder so
                    Stellbare weichen, nebst schranken und schilderreihn
                    Hinzu mit jedem feiertag beschert —
                    Ein kreuzweg aus wärterhäuschen,
                    Alle mit einem heiligen-
    o   Oder erfinderbild;
        Immer ein weitres mal
        Wie durch ein sieb
        Rot oder schwarze
        Füllsel und federproben
    o   In die lücken gesprengt:
        Ein poriges nachtstück
        Von einer himmelskarte
        Das sprengel und flecken spriesst
        In die nahsicht herangeholt;

            o Steigt oder sinkt,
                    Ein sehfeld voll meeresglitzern
                    Auf aller augen zu: ein wimmelnder ausschnitt

A: Der zuversicht, es müsse
    Jemandes schlaf erstehn, wenn sie
    Lider soviele möglich schüfen oder
    Die gefässe der muschel aus
    so feiner schale, dass sie
    Selber die perle würden — —
B: Den steinbrech, der das mauerwerk
    Durchwüchse — ein klingender leuchterbaum mit hundert armen
    Aus flötenrohr, der im geäst den brand
    Der sonne trüge, aus verschmolzenem farbenglas
    Und blei . . Die Feinin ging hervor, im taft der Toten
o Aus ihrer zellentür: die andere Wetterbraut —
    Bändigerin des sturms
    In blasebälgen tummelt ein viergespann
    In tönen, von tupfenden zehen
    Gespornt und mischt die zügel
    Mit geisternder hand . . Eine himmelfahrt
    Über schallende brücken, schleudert die dielen
    Und gräberplatten
                    der tastaturen auf — —
A: Heikles gefäss, aus gezogenem lahm
    Der stimme, die wehende seiden
    Nachleuchtender melismen — sonst nicht gesehene
    Strassen der sommerluft bezeugend —
    Auf einen botenflug entliess — —
B: Ein scheidedruck
    Von anderer haut blieb an den fingerspitzen
    Und gab sich weiter
                    durch leitende reihn
    Abwendig gesungener — an dieses brückenspiel
    In ketten (ketten, die der goldschmied brach
    Und wiederband in gold) . . Die brautschau
    Der verschwisterten bräute
    Geht auf den orgelböden vor:
o Da steht ein tanzschwarm in der höhe
    Des einen bienenstocks und flügelt den strom
    Zum flugloch, der die luft erneut — —

    Aus badesträndem — und weiterverengt
    Auf eine der kinderburgen — den rauhputz
    Des feuchten sands — aus jedem korn quillt griess,
    Kreissender griess, aus dem es weiterrieselt
    Und in die linse kriecht — —

o UMWINKENDE, SELBER SCHON LÄNGST
    Geschwundene hand an wessen oder
    Niemandes arm, der aus dem grab stiess oder herab
    Und herbefahl, ein drehfeld über sich umreissend ..
    Die trombe blieb: ein schmetternder vorschlag
    Aus nachruf und vorgerücht
o Und kehrte ein aufgewirbel
    Fahrender spreu zusammen — flughaar von wanderwegen
    In den kokon .. Ein hoch aus anderer witterung
    Stieg über der gletschermühle
    Die steine frass und wuchs, und übertrieb
    Ein glockendach,
    Eine krempe aus häuserdunst
o Sich selber
            vorausgewölkt — —

A: Von einer funkenschaufel
　　　　　　　über die fristen
　　Geworfelte namenstreu, aus einsamen orten
　　Des ursprungs, trug ihre lunte in die zeit —
B: Eine nachspur aus rücklicht
　　Die im gedächtnis fortglimmt — und aufgelehnt
o　In tänien um einen turm,
　　Der nur aus dieser fährte wurde, staffel-auf
　　In sprüngen, schrieb ein akrostichon
　　Der widmung: ein pegelband
　　Aus verzeichneten sprossen
　　Das den flutstand der verdrängten umnacht bezeugt —
A: Gedankenstriche — ein weiter
　　Sich schwingender bogenfries
　　　　　　　von metren
　　Aus flügelgelenken
　　　　　　　in den reiherwind gekettelt
　　Signiert die luft — —

o　SIRRENDES FEDERSINGEN —
　　Ein malhorn das sich selber führt —
　　Ein weisser ténor überm bordun der bläue
　　Hält seine stimme durch;

B: Strophische über das un-
　　beschriftete in silberstift
　　Von vogelstrichen voraus-
　　gezogene längen — ein furchenwendiger
　　Nachflug der augen
　　Skandiert den beigesang
　　In das geläuf;

A: Der leine nach, hand über hand
　　So an die sichtbarkeit gehangelt, hebt
　　Sich von der nässe ab
　　Ein triefendes fangnetz
　　Dem der fischzug der augen
　　Aus allen maschen blinkt;

B: Für eine schleppe zeit
    Vom plektron und ruderblatt
    In strudelmalen
    Aus der fläche getunkt — auf aquädukten
    Der riemenspur: ein leitton aus durchlaufenem
    Längt eine spürbahn, über der
    Leuchten die wendungen auf;

A: Ein seiltanz über der fährte
    Wiegt seine tänzerstange:
    Verlaufende ruderwellen
    Vor zweien bugen her . . Wo die sich queren, ist
    Eine waffel aus wasserlicht zu sehn
    Und flirrt einen doppeltriller
    Siedender stille in das gehör;

B: Ein lanzenspiel, das die stiche kreuzt:
    Eine brücke von hier zu dir
    In den stramin gestickt —
    Ein dreiklang von orten
    Aus in der luft gefassten und ebendort
    Sich senkenden augenklingen;

A: Wo die schwimmende esse
    Vor kühle glimmt . . Der Nöck
    Der aus dem wasser singt
    Legt seine hände um den mund und bläst
    Stiebende funken aus dem rost —
    Wasserläufer, ziefernde kügelchen
    Aus nässe, die unterschlüpfen
    Und in die glättung gehn,
    Dies blankfeld aus wasserstille
    Das in der gabel liegt, aus wellenhoch und -tief
    Geschlichtet . .
    Blattgold der abendröte, kaum gewellt
    Ist um den herd
    Und läuft in kupferfarben an . .

B: Ikonenklang
    Strömt an: das schwingseil der brechung
    Von goldgrund zu augengrund
    Weitet ein amplitudeninneres
    Zur wandung des einstroms um einen
    Klangraum voll purpurner lauden . .

    Scheint mitzugehn, ein drittes unter zwein:
    Nach Emmaus —
    Ein mitschein auferstandenes gespür
    Errötend unter beider
    Halbem verstehn und mitverschämen —
    Und lichtet hehl um hehl hervor . .

A: Könnte der wasserspiegel
    Auf einem zuber, mitten
    Der beiden träger sein: ein wimper-
    zuckendes wahrgespräch
    Leitender spielung unter zwein
    Das schrittlings verschobene, für eine zeit
    Wieder sich findende
    Synkopen der gangart überführt . .
    Ein sich verweilen
    An dem zisternenrand
    Wechselnde körner zielend, die um sich her
    Die ringe ziehn —

B: Ob oder ungewollt
    An eine Zwölf:
    Den wurf, der die glocke ausfüllt und ungewirrt
    An den ausgang wiederwellt . . Ein absprung,
    Winziger blasensprung aus leiser
    Erschütterung der luft, tritt aus dem rund
    Und lässt ein feld
    Spiegelnder lauterkeit zurück —

o Ein treiben ohne wort, das malmt
　　Und in die speicher klaubt .. Ein biberfleiss
　　In karawanen und hummelschwärmen
　　Auf landebahnen an oder ab
　　　　　　　　　fährt seine fuder ein ..
o Hekatomben des raubbaus — an ein ofenknistern
　　Birnenförmiger schlünde; darin anstelle einzelner
　　Zerriebener stimmen
　　　　　　　　　nur mehr das mahlgeräusch
　　Des einen mischenden mörtelmunds ..
o Vielleicht ein jugendland
　　　　　　　　　belagernd
　　Um nur die eine noch versagte frucht:
　　Ein heerbann, schmiedelager, zeltet die essen
　　(Jede ein dreifuss
o Aus den spalten der unterwelt

　　　　　　　　　gespeist)
　　In das freiland hinaus ..
　　Ein künstlicher stern
o Lenkt überm hafenrand
　　Nacht-aus und -ein
　　Den karawanenzug der kräne,
　　　　　　　　　der einen tribut
　　Von kolonien erlegt ..

A: Spielende fingertupfen
    Auf eine flöte an einem
    Dir andern mund gelegt . .
    Vom selben schallraum unterwölbte
    Saiten, von jedem wetterdruck verstimmt
    Im doppelgriff mit viel zu derben kuppen
    Um ein haarbreit von halbton
    Verfehlt, vom schrillton abgestossen
    Sich tasten in die berichtigung,
    Den verspäteten nachklang
    Des gemeinten akkords — —

B: EIN KIRCHENSCHIFF VOLL VON VERNEHMEN
    Übt seine stille aus — ein lauschen auf weihrauch
    Und stillgebet in farben . .
    Nordische wintergärten
    Aus zelldach unterhalb
o Betauter scheiben, um ein ballett
    Von orchideen, das einhält:
    Spielende lauscher, wetterfühlig
    In alle richtungen gespitzt
                    aus hängevasen . .
o Fächerpalmen
        in gesten
              einer verwunschenen statue
    Erstarrt, die selber nicht miterscheint,
    Nur ein vertiefen lang
o Wenn du sie Daphne rufst
    Den umriss bewegt . . Vielleicht
    Nach dieser hausmusik: quartette
    Von kübelbäumen —
              seltsames immergrün
o Der fünften jahreszeit —
    Baun ihre stimmen auf in
    Eine fuge aus staffelformen . .

   Unter segeln aus lampenlicht
   Schwimmende werften drehn die gerüste, eine
o Sich sträubende igelhaut geschütze ..
   (Was muss die wunde sein?
   Wendet der unsichtbare leib
   Sebastians die pfeile um?)
   Ein palisadenzaun von katapulten
o Sticht zeigefinger in den bösen blick
   Der bläue, ein lanzenwald antennen, und
   Reibt die gewitter in ein lüfteknistern
   Wie stanniol — —

o OB AUCH: ES WAR EINMAL
   Mit heck und hürden und säuberlichen
   Stadeln um einen hügelfuss gestellt
   Der die trappe der engel war
o Ein kirchspiel, krippenspiel —
   Nach einer gebnacht unterm baum
   So vorgefunden ..
   Ab dann ins kindergatter, mal über mal
   Zurückgeräumt, von dienstbarer hand ..
o Und überrollt — vom stadtrand ohne rand hintan
   In sein geröll,
        eine kratze aus pack-
   Und lagerhöfen an rostige hecken,
   Windzäune voll kotiges papier gekehrt ..

      o Und hatte ausgeschüttet für ein spiel
        Das zu erfinden war auf dem karierten plan
        Zur hand gelegen — ein hümpel steine:

        Schielender würfelwurf
     o   mit niedren augen
        (Häuseraugen: immer
        Nur zu den seiten aus) .. Bei anderem licht
        Ein spaltkristall: das zeug
        Zu einem kronjuwel (vielleicht

A: Die frühlingsnacht, die laue gärten log —
　　Das wunderding blüte, das mitging
　　Durch eine blei- und wetterwand
　　Noch an den augen hängend, anemonenweiss
　　Gewillt vorlieb zu nehmen ..
o　Was kam — glühender sand mit namen sonne gespien
　　Aus hundert mäulern in das bestürzte blau —
　　War der stössel, der farben und herbste rieb ..

o　　　　　　　　　　　　Der scheidegruss

o　Flehte ›Vergib‹ —
　　　　　　　aus dem verbrannten schooss
　　War aber schon

　　　　　　　das opfertier
o　Des anderen tags
　　　　　　geweidet — —

o　Sandrose, sinterrose
　　Unterm Sahara-sand gediehn ..
　　Dass es das tigerauge gibt:
　　Im sonnenlärm der stunde Pans
　　Durch tausend flimmerlücken
o　Mit grünem lidspalt
　　Über die flitter witternd
　　Auf ruhender pirsch — —

              Einer der leuchterzinnen
              Der Zwölfjuwelenstadt, die
              War oder würde) und ungenutzt
              Zu splitt und zerwittertem
                                          verschliff — —

  o Und anzusehn, leidlich und immer noch:
        Auf einen satz von klötzen, der umeinandersteckt
        Zum türmebaun . .
  o Haus um das haus geschachtelt, voll wiederum
        Mit kammern und klausuren, die die kommoden sind
        Für gefache und schuber
        Gibt es ein schatzhaus voll behalter
  o Wachsender kostbarkeit nach innen, worin zuletzt
        Das spar- und muschelkästchen — meistens
        Ein medaillon darin für noch ein allerkleinstes
        Hinterstes bild — sich findet (dies gucklock, riesentor
        Das in das freie führt —
        Zur andern seite aus) — —

  o VON DORF ZU DORF
        Mit hökernden erntesparren, vor hausrat und tausendnöten,
        Jahrjährlich gewachsenen — hast du noch selbst gesehn
        Ein sommerndes räderschiff
  o Mit bänkelborden, gläser- und bernsteintrauben-
        behängt, ein segelzeug
        Voll schellen, pfannen und kupfersonnen
        Durch die hecken und halme heben . .
  o Stand ein, auf dem Phäakenstrand versteint — ein hochauf
        Stapelndes deckhaus mit vielerlei borden,
        Schrannen für ingut und irdenware (zuinnerst
        Versehn mit kühlgewölben: einer bank voll
  o Roter phiolen und vorrat
        Sämiges etwas, etikettiert in
        Gläsernen serien, und auf das eis gelegt) —
        Durch dock über trockendock

  Herausgezirkt
o Und im pinzettengriff des blicks

         aus einem
o Wellengewirr
     von stimmen

o In den empfang
     ein einzelnes
  Tschilpen von licht
  Richtet ein sololied empor —
  Ein flügelschlagendes signal
  Das in der sonne tanzt und tollt — —

A: GLÜCK' ZU, DER TASCHENDIEB DER ERDE

  Mit langen wurzelfingern

o Süchtig und nimmersatt

  An allem schwebezeug

o Gemästet

  Über das grab

o Beiseit geschafft

  Mit gebeutelten hamstertaschen . .

                                        stehender messen
      Stagniert ein ringverkehr von loren
      Der barren fährt —
                          chemisches blut in sorten
      Aus einem schlag
                          in andere und zurück — —

o
      HINDURCHGEGANGEN — JEDER —
      Den röhrenbau, von dessen hechel
      Alle läufte entwildert sind
      Und alle linien geströhlt:
      Den karner der lebenden,
o   sperren und gitterkästen
      Durch die tabellen, den schwarzen pfeilen nach;
      Ein mühlrad aus riegeln
                          — das zählwerk der geburten —
      Das tickt und in die listen trägt;
      Türen des alphabets auf blankgesessenen
o Bänken belagernd, den schaltern zugerückt ..
      Dort ritzt ein federstrich
      Eines in büttelgrau den pakt
      Ins testament; ein stempelbausch
                              mit blauer salbe
  Von deiner fingerbeere
o Reibt dir den wildschmelz ab
      Und fleckt sein merkmal in das blatt ..
                                Dem nachgesehn

      Zum drehstuhl der Pythia
      Die an den taben fingert
      Und hinterm kurbelding
      Fungiert mit flinken nägeln
      (Sie schlägt dir die karten, locht
      Deinen namen in die sparten: schwarze
o Vorgeschriebene balken) ..
                            Besiegelt, ausgewiesen
  In die schilder- und deckelreihn
  Papierener urnen; entlassen also

B: Ein bläulicher schwebeschein

    Auf einem talg

o Aus seim und feuerluft gekirnt —

    Kühliger erntebrand

o In bahnen, mantelförmig

    Mit zungen-

o redenden säumen

    In dünner flamme

o Um die dochtschnur bewegt —

    (Einer, die aus dem feuer singt)

o Eine statur
          aus weiterströmen
  Die nichts für sich behält,
  Die nur ihr flussbett auferlegt, den stoff

In den gewahrsam
o (Eines der steinernen quartiere
An seine freigewordne stelle —
Den klafter ewigkeit
      auf kurze pacht —
Die stationen abgezählt) — —

  o Was unterher
   Die krümmen
   Und winkelzüge
   Straffte —
   Der heimliche despot,
  o Strecker und starker arm,
   Lag unterm dom und nabelort
   Im sarkophag aus glas: die elle
   War das von einem heiligen Meridian,
   Auf wallfahrt um den ball
  o Den heiden abgenommen
   (Ein gerader bruch, in platin und iridium
   Gefasst, der jeden fusstritt richtete und
   Zoll über zoll an messtisch und eichbank seines amts
   Befahl; auch mitgeführt in klein:
   Ein fetisch von verlass, in allen griffelkästen
   Wies jedem strich und stift das maass) — —

AUCH DORT AUF VORBESUCH ZU GAST:
o Die auffahrt in den alleen
 Der trauerbäume
 Die zeit hinunter
 Oder auch strom-auf — das fluchtloch vor augen,
 Das die linien verschlingt, spinnwebig pyramidenweise
 Verengt und in ein scheinportal
o Mündend, am strassenausgang (ein torbau
 Ist das voll inschrift in tabellen;
 Die wände sind ein flöz aus barren,
 Kleine rostige eisenbarren:
      namen der Toten sind darauf

      Durch die schlieren der handschrift leitend
o Der dem umriss einer
                      die nur als wunsch leibt
      Für eine stromzeit
                die ufer leiht) . .

A: Wir sind's, die seiler — Oknos vom Nil —
     Die halme rupfend, getrockneten bast
     Von den papyrusstauden
     Samt spinnefeinem flachs
     Den die Rapunzel haart:
o Und die zum jägergarn
     Der eigenen mähne
     Um eine niegewiesene
     Hochrote seele (aus fasen, in die von selbst —
     Ohne kabel und hebewerke —
o Das wasser stieg)
     Verpicht und
              stramm
                      geschnürt —

o Das seil
     Der alten winde aufgegriffen
     Und es verlängern
                (ob aber nicht
     Aus diesem brunnenloch
                    das maul
o Der eselin gähnt,
           die immer mitfrisst, was —
     Dreh über dreh
     Wie der feindlichen faust
                    die man nicht sieht —

    Und jahreszahlen
         — du magst ein paar für alle lesen —
    Die langsam zusammenfliessen,
    Sich übereinanderschieben in den punkt) ..
o Es geht durchs nadelöhr
    Im ausguss der radien .. Du triffst
    Etwas in katakombenart,
         gänge im berg —
    Versteinerungen:
o   gepresste bäume
    An jeder wand,
      die arme aus wappen heben;
    Vielstöckige urnenreihn in mündern
    Wie erkalteter öfen —
o   lichtscheue bildervasen sind darin ..
    Zuletzt: ein erdschooss nicht für augen — wenige tumben,
    Jeweils ein schreiber- oder königsgrab
          (der Alte immer
    Ruht dort in seiner sage aus —
o Ein heimgekehrtes wickelkind
    Ist in sein bilderbuch
        gesargt,
    Seiten voll lob- und fluchgesänge) ..
          Kerzenweise
o Stehn da die rollen wacht;
    Da tu je dem nach, wer du bist:
    Lies jede an und raff
    Worte soviel du raffen kannst —
    Stell eine neue auf —
o   bleib draussen — geh zurück
    Mit kreidiger haut
        wie aus dem steinbruch,
    Eine lunge voll staub
        und durst hinunterspülen — —

Der reeper
              sich selbst entwindet?) — —

B: AN SEINER STATT
    Was an der stelle blieb:
    Ein schalenbau
    Aus schwingbar getriebener
    In steter spirale
o Hervorgelebt hervor-
    verwandelter wandung —
    Ein richtfest von brudersphären
    Tönt es in stanzen fort,
    Mit geweiteten flügeln
o Eine nachflut des späteren
    In seine diele zweigend..
    Ein treppenbebildernder mantelwurf
                             der Iris
    Riss den Olymp
o Auf in den wettgesang
              der stufen..
                      Wo nicht
    Die geisterscheide linker hand
    In ein gelbes fest beschied
o Mit tee und cembalo — und weiter durch
    Den Römergruss der schwelle
    Seitab in sachter wendel
    In ein hinterstes gelass geleitet
    Mit stehpult,
o   fächern voll frucht
                    und samen
    Und einem teller gartenerde..

    Ein kantglas und fensterwinkel
    Kammert den lichtfall: chromatische speichen —

HIER EIN BOSQUETT VOLL KABBALA
Und kauderwelsch
      (An einer leite im Tessin
      Des Onsernonetals zu sehn)
Eine beschriftete saline in alchemie
o Und medizin
      (Tal-ein getreppt
      In den kastanienwald)
Laubhütten voll legenden, allegorien:
Es spukt von gnomen und patronen dort
o   (Sind eine geisterschenke, in seilgeländern
      Um wacklige gestühle und brettertische)
Weiter hinauf: ein windstrich paragraphen
Und rasselndes zahlengedörn
      (Die schule der schellenbäume
o   Ist dies — das laubwerk alles rost und blech)
Surrende suren des orients und litanein
Sind rebenweise in den flüsterzaun gehängt
      (Schartiges blech von geleerten dosen
      Handtellergross, bemalt und ausgeschnitten)
o Ein klirrender hochsitz hebt sein vokabular:
Baumgrosse bücherscheuchen, in sanskrit und latein
      (Jedes ein etikett voll wissen, denn du gehst
      Durch ein gehirn aus krümmen und krüppelformen)
Die aussicht ist verhängt — ein dichter hain
o Annalen, der horoskope und dynastieen schnarrt
      (Dort oder weiter schon, auf waldgang rodergang
      Schleppt seine leiter, mit pinsel und blumendraht
      Der in die rinden schwürt,
      Der Narr und okuliert sein lexikon
      Ins unbeschriebene, gegen das wilde vor).

o SIE KOMMEN HERAUF, AUF EINEN FINGERZEIG
Der an den siglen zählt, heraufgewunken
Aus der lamellengruft und ziehen auf
Im trachtenzug — blicken durch fenster ohne draussen herein;
Oder sie stehn (aus hohlform, im wasserglas der zeit)

    Ein streukreis der seele
    In kammern wiederholt, kühlgrün
    Geistiges blau und pompejanisch-rot
    Auf epizyklen voll gespräch der wände
    In kupfern, wasserfarben, öl —
o Gliedert den umgang vor; es geht
    Durch heitre sakristein, schränke voll ingut der
    Erinnerung in krügen, weiterjung, eines am anderen
    Bewahrt.. Hier ist das brunnenglas und hält dem mund
    Mit unversehrtem rand die treue (zuvorgenommene
o Neigen des glücks, durch den entzug, sind urnen ihrer selbst
    Geworden).. In blauen tellern, auf gedunkelten borden ist
    Ein liebesmahl für die Gewesenen getischt
    Voll fabelein
              und trauben..
o Die bühne schwingt
    Um einen nabelraum (ein brückenzimmer
    Das überm torgang liegt); geht leise zu hier oben, ist
    Ein marmorhain skulpturen —
    Ein schreittanz weisser güsse und triglyphen
o Tritt in den hochfries um
    Ein ungebautes dach:
    Die aus der vornacht (ein weitres mal)
                              zurückgerufene
    Schule der Manen (denen das eigne bild, bei lebzeit
o Wahlversippt, sich zugesellte).. Dies die planetenuhr
    Möglicher bahnen — ist angehalten, aber
    Fächert den durchstrom,
    Die eigenen rhythmen
    Und intervalle
              in den verlauf — —
A: Den da, jemandes enkelkind, nicht übersehn: ein geist
 o Der denen hinterm glas erscheint — der sich verliest, entwöhnte
    Und überfragte augen durch;
B: Das reihenbild des einen leibs, das sich
    Durch seine phasen blättert, die stirn
    In ihre passend — von der eigenen braue,

Mit blinden stellen als gesicht
       auf kreidezeichen
Im grundriss der ausgegrabenen stadt
Am nachgemachten webstuhl, rauchfang und theken ..

o Stehn die scharade,

 Schlafsüchtiges leuchten
       hinterm wachs ..

o Und irgendauch
 Ein meeresboden
 Voll versunkner matrosen, alle
 Mit einem bleigewicht am fuss .. Andre erschienene
 Im wahrkristall der gemmen oder
 Wie durch ein umgekehrtes fernglas
 In silhouetten ausgemünzt,
o Mit den legenden um die stirn
 (Sich selber in den mund gelegte
 Obolen) auf feldern mit dunklem samt
 Über die ein sonderling sich beugt ..
       Auf namen gespiesste
 Flügel der allerseelenfalter,
 Weisslinge, schwärmer, mit verschossenen kaisermänteln — und
o Vom umschlag abgelöst, verrichteter botschaft
 In marken aufgereiht, gläserne alben voll
 Im schonlicht unterm musselin ..
 Sieh da hinein — über den brunnenrand:
 Eine bleiche voll abgeblühter asphodelen
 Mondet sich auf dem grund ..

　　　　Dem kinn, das in das fremde löckt,
　　　　　　　　　　　durchkreuzt (indem
　　　　Ein stiefbild aus der scheibe tritt
　　　　Und mitgeht, linkisch, immer weiter ab
　　　　Hervorverschärft von jedem
　　　　Fäustel, der den kiefer vorschiebt
　　　　Ins ungetriebene stück)
　　　　Also: die reihe fortgesetzt;
　o　Derselbe stempel, etwas verschoben, ruckt
　　　　Um einen nachdruck weiter ins blatt . .
　A:　Die brille ab: ein augenspuk
　　　　Steht hinterseitig auf das glas gedehnt —
　　　　Die eigene stirn, mit steiler falte
　　　　Hebt ihren zeigefinger
　　　　Vor dir: und hält das weltgericht
　　　　Durch jedermann, auf den sie fällt — —

　B:　Der Samurai
　　　　Verwacht die neujahrsnacht
　　　　Im eigenen sarg — auf sippentag da drüben und kehrt
　　　　Mit einem hintermann zurück
　　　　(Geht sich ein fähnlein nach und nach erwerben
　　　　Das mitbesteht, an Einen speer gefasst).

　A:　DER HOSPITANT DER TOTEN,
　　　　　　　　　　GLEICHSAM
　　　　Auf einen ring Saturns, der um die erde ginge, als
　　　　Auf ihre seite tretend, möge für einen blick
　　　　In ihrer achse sehn: den erdball, skarabäenball . .
　　　　Der räudige stern der nagemilben
　　　　Fleckfiebert unter phantasien;
　o　Das schmutzige blut der münzen
　　　　Und rädertiere zirkuliert, dem eine andere
　　　　Lymphweisse flora unterliegt . .
　　　　Ein schlachtfeld von symbionten, kampfgericht
　　　　Schwarzer und weisser elben, aus heerschar und gegenschar
　　　　Die um die seele ficht, am immerjüngsten tag — —

OSMOTISCH AUSGEFÄLLT
Aus übersättigungen
Der weihwasserflut
              vom salz der welt
In wächsernen kakteen
o Stehn sie, ein wald von bräuchen
                         der nachdünt
Unterm verzogenen kometen —
Spaliert
        in stiller messe:
o Ein hort von Andechs, an der kapellenwand
Den leidensweg der krücken
Und avebilder
            hinter glas gemalt
Und sehn durch schmiedegitter —
o Seitlich: ein kerzengelass
Voll weisser thyrsen
Und sommerstecken
Efeu- und myrtenüberziert
o (Abgefundene opferbräute
Die selber die lampen sind, aus sammelfleiss
Von bienen der bienen, aber
— Auf ein gelübde hin — ohne den docht:
Karyatiden für ein zweites licht
Über der dornenhaube) . .
o Oder sie rücken nach
Auf dem wabernden zackenrost
Geschwärzte mienen
                  des mutterbilds
Durch die betende luft bewegend;
o In leuchterstiegen
Vor eine tafelwand,
Ein stummes gongspiel gloriolen
Und seelgerät, gestellt —
Einer der zeigestrahlen, ein finger
o Der ›*Ecce homo*‹ sagt
Um die versteinte wunde

B: Wäre dies widerglimmen,
   Der wandernde moorbrand nicht —
   Eine zone von wandlung aus wanderröten ..
   Ein löss und grubenocker, der durch die mörser ging
   Den leidensweg durch die gebeine,
o Ist auf ikonengrund — reiflichster lagerung —
   Gerauht: die osterschwelle
   Meldende hand-
   Und mienenmale schlugen die flügel
   Um ein gericht,
o Eine leibung von mantelsäumen um den blick —
   Und durch das tor:
   Ein aufschein der die augen küsste
   Aus blutsverwandtem inkarnat
                        und wiederkennen
o ›Dies ist mein leib‹
              ging aus und ein
   Und sieht dir nach, von wo du nach ihm siehst — —

A: Als ob, solange von halt zu halt
   In einen torweg aus laternen
   Die abende rüstend, ein Seneschall, einsamer Paladin
   Die unbehauste pfalz versieht, das Reich in seinen stuhl
   Träte und unverjährt, fussend auf einem lehn
   Der ausmark nach oberhalb —
B: Reisiger könige, weislich die wege so
   Richtend, dass über jeder rast der stern
   Aus einer krippe stand .. So nach und nach
   Das erd-reich bereitend durch ein myzel
   Aus lebespuren, sich in das land verwurzelnd —
o Und hält den hof: leuchtende rasten
   Im nacheinander, saal- oder kronenförmig
   In das umnachtende hinaus — —
A: Hier ist Byzanz, das seine riten überwacht und übt
   Und lehn verleiht — auf anderen sternen .. Ein bühnenstaat
o Führt sich, sein requiem, vor leeren stühlen auf
   (Nur in der königsloge: einer der bürge und

Im schaugold der distelsonne
Zu sein
      (mitten in diese ist
Ein rauhes etwas, eine handvoll grus
o Gebrämt
      wie ausgeglühte
           aschen und marter-
              dornen) aber

Hinterm rubinglas umgefärbt
In eine quelle rotes . .
Mystischer lebensbaum
o Aus knospen von bein ein immerrot
Von rosen treibend —
Die andere zähnesaat
Die aufging und
Eine lammweisse frucht von engeln trug — —

o UND WORT AN WORT — DAS WARD UND WIRD
Und würde
      Gehn samen aus, flugsamen laute
      Aus staunen und stossgebeten;
Wahrt und verwahrt, währt und gewährt
Verwehrend
      Eine nachspur von wärmen aus A und O
o   In das klamme gebauscht;
Und war — unwahr und wahr —
Gewahr und ungewahr
      Nach einem lippenring: ein vorlass von flugspiel
      Aus schillernder farbenhaut geformt;
Eine währung ohne gewähr — die wert auf wert —
o *Werg oder werk — wirkt und verwirkt*
      Hin- und herüberschnurrende
      Schnüre voll perlengeld
      Das durch die finger geht;
Formt und verformt — warnt oder wurmt —
Wirbt und erwirbt

           Sein eigener geisel ist, kreidet den treubruch
           Und makel an:
                      um noch ein anderes, schlaflos ersonnenes
           Schwanweiss und grottenblau —
    o   für ein brautspiel der beglaubigung ..
           Einer und der den sie da spielen ist
           Der Schwanenritter
                         mit einem liebestrank im leib
           Und treueid, der ihn entbindet
                              von der braut)

B: Eine die es nicht gäbe sonst
     Hervorzuhuldigen .. Ging nicht
     Der Knecht und Wanderhirt, der Gott beschämte (besser noch:
     Für ihn errötend) in einer rauhnacht um das haus
     Und schob den mahlschatz in den schuh der braut
     Der sie erschuf — — Und ER, der SELBSTGETAN, den er
     Mit krummstab und pilgerhut vertrat
  o Ging mit hervor — aus glimpf
     Und dank der ins leere griff, den armen unterschoben ..
A: Auf dass ein klausenbüchlein voll gebet
     Nicht lüge (legen wir aus: moosnester voll naschwerk
     Und bunter schalen, ins kahle versteckt —
     Ein guckloch in den verschlag
     Und osterzaun zu färben)
B: Nicht ›An den Unbenamt‹
                       es richten, sondern
     Dem der die lücke büsst,
     Gast oder mündel (sag es ihm nicht)
     Ein glückstisch gerüstet (es ist ein erntedank: da wird
     Einer noch mitgespeist und tritt
  o In den geschmückten stuhl) .. Nenn den verlust
     Ein spenderbündel
                  das man hinausgelegt hat (also
     Nicht leer den stiefel: randvoll vor die tür gestellt)
     Und sag ›Der wandernde Gast ist um vor tag
     Gegangen und nahm die zehnten ein‹ — —

        Wendisches widergleissen:
o   Ein züngelnder schlangenleib
        Der einen unsichtbaren stamm verschnürt;
Und worfelweise — in das gewärtige — wartende wurten
Auf gegenwart
        Kreissende wirbelräder
o   Aus anders getönter luft
        Die weitere schnellen ziehn;
Wortwurzelwerk — ein auf- und abgeforsteter
Farnwald aus farben und gewürz
        Auf ein rinnsal von herzton,
o   Eine seele aus tiergesang, gefädelter
        Betkranz der für dich zählt und litaneit;
Furten ins ungefähre — die fährten und pforten sind
In die gefahr
        Ein murmelspiel, sich immer verziehendes
        Netzfeld von stössen, ist auf ein brett gesetzt
o   Voll riegel und zeigepfeile;
Bewahrt und unbewehrt — wer wenn nicht wir — der oder der —
Der wirt oder wart der würde
        So wie die perlenschnur zerriss:
        Ein springtanz von kichererbsen
        Lärmt über die kuhhaut im gehör;
o *Ist ein gefährt — verführt, verfahren — aber fort und fort*
Auf fahrt
        Und ist: ein blasrohr voll sterne und
        Hollunderbeeren, von puttenmündern
        Der nacht in das gesicht geprustet;
Verwirrt, verwird — auf eine frist, die sich entfernt —
Verfärbt, verfirnt
        Ein treibendes weiterleuchtendes
o   Gerüst, aus bahnen der herkunft
        Hervorgeschwunden, auf nichts als sich gestützt
        Und weitergestückt — ins offene, das
        Durch alle lücken dringt;
Und so von vorn — aus wurf an würfelwurf —
Wort an das wort — —

A: Es werkelt die mühle und wacht
             Mit lückenlosem sprengelschlag
             Über winkel und breiten —
             ›*Urbi et orbi*‹ die seele hat ruh:
             Unter einem der weiten
o   Ärmel und übernamen
             ›*Om*‹ oder ›*Amen*‹
             Ruhest auch du — —
   Alraun, Mandragoras: in das verdächtige
   — Dreieck und wurzeltier, nabe und nuss —
o Kerb du das auge ein und: Argos der Pfau schlägt rad
   Und tausend blicke auf (der alte rad- und zaubermantel,
   Dem's durch die schlisse kam,
   Neu unterlegt ›er leuchtet als ein goldbrokat
   Und parament‹) — —

B: UND DOCH —
           NICHTSDESTOWENIGER
   Es kommt zustand:
   Ein flügelndes sprührad
   Das nichts tut als weitergeben,
                     den überdruck
o Günstig verteilen und für sich selbst
   Den rückstoss abgewinnt und umschwingt demzufolge,
   Ist eine blindflut von weltall in
   Eine fruchtende wassersonne
   Über der scheitelstätte
               prismatisch errichtet — und
   So in das reine wiederholt — —

A: Macht sich, wird mehr
   Als ohne dich, dein pünktlich begossenes
   Gärtchen Adonis auf dem balkon
   In immer neu besämten scherben — vollends genug
   Für eine gräbervase . .
   Unsere Yggdrasil,

o EIN WALD
   Noch in den wald zu denken:
   Ein ringwuchs fialen
   Von psalmen errichtet
   Schlägt seine äste unbeengt
   Durch das geäst — wuchernde sonderhimmel
o Aus unbetretenem
   In die vorhandenen gesprengt..
   Hebende hände
   Prozessionenweise
   Die leitern hinan
o Einander die klinker reichend
   Quadern die partitur
   Der wände hervor
   In buckelschrift
   Einander zugepflegt..
o Ein lebender steinbruch
   Voll hammertöne im akkord
   Formt seine massen um
   In ein bergwerk über tage
   Aus skalen und riegelkreuzen und schliesst
   Die arkaturen, vom perlstab geschweifte
                              triforien
o An die regale an..
   Vom kanon der bündelpfeiler
   Fahren die kehlen aus, in oberstimmen
    Über trompen und tympana — den lichtfluss verschmelzend
   In einen einzigen sonoren glanz —
o Ein scheibengold
                  von posaunenmündern..
   Ein schweifwerk in fugen
   Das siebengestirne von neumen hebt —
   Vielstrahliger sprudel in den gaum
o Der gewölbe,
            abwärts in bach
                       auf bach

      Heimlicher Hesperidenbaum,
o Ist ein zwergbaum aus Nippon
                      der platz hat fast im gehör —
   Der keinen tag lang ohne den guss,
   Dennoch jahrhunderte
   Durch treue sippschaft, eines
   Indem das andere überlebt..
B: Ob wer nun oder
   Was sich da tut in den gewebeschlüften —
   Es kommt zu wort:
   Durch bänderpaare, ausschlagende doppelkeime
   Aus dem stimmspalt der kapselfrucht — und malt sein rankenwerk
o Im kehlstrom einer sonst lautlosen luft
   Die lautung abgewinnend..
   Geperlter brunnengeist aus kelterböden, perlmuttenes
   Arom der stimme geworden
   Vom durchgang schmelzbeschichteter gefässe..
A: Stimmbruch der worte, wild- und gewebeschluchten
   Voll schorf und gebrech.. Dies abgehüstel
   Vom immer neu belegten
   Wund- und geweiderasen
   Aus heiserkeit, in der du selber dich
   Nicht wiederkennst — —

B: Ein mundvoll umgetriebnes
   ›Dem stummen ein wort vertraut‹
   Trinke, was willst du mehr
   ›Dann wird der stumme reden‹
   Du hast das meer
o   im glas
   ›Der taube vernimmt
           das wort‹

   Es ruht am gaumen aus
o *›Ist alle welt am ziel‹* — eines des anderen gefäss,
   Das sein gefäss
   Umfasst.. Im brautgemach der augen

    Kehrt in die dienste und
                      mensuren ein — —

o DER RUHE NACH: EINE SASSE WINDSCHUTZ
  Wie unterm pilz —
                jedoch
o Ein ausbruch und überhang war unter sich
  — Die eigne schattende wolkenkrempe —
  Gegangen,
           palmettenförmig
  Nach innen ausgerollt:
  In häfen voll meeresstille, mit Sunion
o Taygetos Chalkidike —
  Und immer feinre voluten
  Über reissenden wasserarmen
  Von kannelüren
  Des einsprungs in sich hinein gespreitet ..
o Bis in die wirbelsäulen
  Des schliesslichen baldachins, der über sich
  Die tiara der kuppel schloss — und so
  Trieb eine marmorbucht aus kolonnaden
  Magnetischer mauerschalen
                um ein kraftfeld der schwängerung ..
o Eine kalme voll drehstrom, die geladene luft
  Auf und hinab befördernd
  War der dämon des orts
  Der den bezirk bezog ..
  Eine zone der zeugung,
  Schlafende doppelscham
              der erde
o Die auseinandertrat
  In das prallende marmorlicht
  Entblösst — schlüssel und schlüsselloch
  Die voreinanderstehn: hier der tambur des doms, dort
  Passendes brunnenrund;
  In das klaffende rot der ampelgrotte

Ein bläuepaar vermählt

Feuchtet ein seegesicht
o Aus zwischenduft — Narkissos' geist
Der über den wassern schwebt — —

A: SCHLEUNIGST DIE LUKE ZU —
Die falltür zwischen dir und dem
Und eine nase drehn:
Da stehn sie, wohlverzäunt
In ein bilderbuch aus kojen,
Einträchtiges gatterwild, die hauer abgesägt
o Und wedeln auf und ab — schön durchzugehn
Wie das sich balgt und männchen macht
Nach deiner futterforke oder durch die stäbe
Tastet, aber nur
Bis in den traum..
B: Leg ehren dahinein —
      ein dürstender meeresboden
Bietet die schalen an, schenk' ein:
Dich und dein Danaidenfass
Wandelt der wein
     zum gastmahl
o Der ewigen becher, das weiterzecht, solang
Einer sein schenkenamt versieht.. Versehgang, wärtergang
Durch den zodiakus von haus zu haus, die seitenaltäre
Und tabernakel durch — den werdegang
Der horen: so in das uferlose
Die stapfen des zifferblatts
Zum buchtrand, hafenrand gepfählt — —
A: Zum häkelrohr
   aus stationen:
      den lebensfaden
Um die dalben der gewohnheit
Geschlängelt und abgehakt..
     Es kommt

205

Deutender dorn im schloss
Und obelisk, im zirkelstich
Eines ovals (über neronischen arenen —
Einer der bühnen
         stirn wider stirn
o Gegen den hochaltar
  Getrotzt) — —

o ERINNERUNG
  Des unbeschriebenen hangs und über dem
  Der ersten gleitspur
  Weisse bezauberung, die in das augenmerk
  Eines, der schon sich selbst voraus
o Am fuss stand und zurücksah
  Auf nachfahrt der augen, die eigene sage zog —
  Und wie der lassowurf
  Von einer kür
o Über das blanke stadion
  Die flanken warf, umschweife seiner selbst
  In die spürbahn des unbefahrenen sinniert
  (Diese schnuppe von eigenlicht
  Aus der eigenen augwand gedellt)
o Von sich selber abgestossen und
  So von sich wahrgenommen:
  Die signatur, sich abgerungen
  Ins nicht zu tilgende
  Des eigenen rückblicks vermerkt . .
o Verwischt
        zerfahren über kurz
  In ein sudelfeld
            voll kritzeleien . .

Ein strammer zopf heraus
Und so: alle Zwölfe versehn
In seine maschen
          und termine
                    abgefertigt..
    o (Matrone Zeit
       Ist küchenmeisterin, mit geweiden aus unruhfedern
       Und kommandiert mit lot und schleef
       Den lebenslauf: einen pressack
       Aus dem fleischwolf der uhr
       Durch ein sieb von zifferblatt gemust)

Ihn leichter nehmen,
o Zerreisslicher gesponnen —
                 trägt besser dann:
Dies flughaar von flötenzeilen,
Unser willfahrender, nach der sommerdrift
Entrückender segelfaden
o Der fuss fasst, willig verstrickt und
Lässlich zu hinterlassen
Da wieder neu gegarnt — —

B: Unvorbegangenes
  Begehn, anhand der witternadel — dies
  In der eigenen kimme stehend
  Durch sein auge von gestern sehn
                    das richtscheit der route
o An den eintrag der wanderkarte
  Und an das jetzt gelegt
  Sich über sich hinaus, vorlings verlängern
  Auf einen augenhalt, der zu ernennen wäre..
      Tagtägliche silvesternacht
       o Die die konten schliesst, am zünglein
         Des rechenstifts, hin- und herübertretend
         Von buchung zu buchung, einen vergleich — die fahrkunst
         Seiner bilanz betätigend, in übertragen

       Eine bankung aus winterschichten,
       Gepresster gräserwald
       Geknickter fahnen und kartenwerk
       Von riesen, das glasige seiten
o   Voll nachtrag und veränderungen
       Nach völker- und heeresfarben, eine
       Über die frühern legt . .
               Ein Lechfeld
       Voll echsen- und vogelspuren
o   Hat sich in den gezeitenkalk
       Aus verschiefertem strand
       Verwahrt
            und tritt in spatenglätte
       Bei jedem durchstich an den tag — —

o VON UNTERM GLETSCHERDRUCK
  — Es nieselt sterbeflocken —
  Durch einen sintertausch gewälzt
  In schaum- und wetterformen
  Seitlich hervorgebirgter
o Nordhang von überall und
  Tobel der Toten
  Umjocht den tag
  In winterbolgen . .
  Wechselnde wälderarten
o (Lichtloser bauernwald, auf sauerböden
  Der in die nacken nadelt —
  Ein walnusshain
  Im nassen viperngras
  Streut nachzureifende
o Wurmstichige kapselfrüchte in den ruin
  Aus moos und mauerspuren; es sind
  Vertorfende biberbauten, ein fundort überm ort)
  Umstehn das aschenfeld
  Sich verwischender gräber . .

               Treibt einen vortrieb
                         kolumnen
        Aus dem durchstiegenen hinan — —

A: Endlich der Weise einsgeworden
   Mit dem weinfass, das er rollt —
   Das stumpf und stiele
                   überrollt
   Wo nicht ein tretrad,
o Dem du in der felge gehst
   Und die strassen selber legst (obschon vielleicht
   Nur auf der stelle trittst —
                 nämlich: den globus unter dir
   Voranbewegst — dank welchem die rosskunst
                         der erde
o Sich von der stelle knarrt) — —

B: Alle und säuberlich
   In pfosten aus wachs postiert
   Sparen ein mauerstück —
o Das ist die opfergrube in die wand geschachtet —
   Über der borte aus:
   Zu der Sie kommen wahrzuschaun
   In langer rotte, die an dies fenster biegt
   Das sehfeld hinten-um verbindend
o (Scheinbar ein bildkalender,
   Eine mappe Penaten
   Die paten der tage stehn
   Riegelt die faltwand der
                 namenstage um das jahr —
o Den kirchgang totenbretter
   Der durch ein heimatdorf
   Die feiertage einsäumt; oder den knochenzaun
   Vom grossen fisch, im fischerort
   Der sein schicksal bewohnt) — —

Beschriftete steine
Schaun da und dort heraus:
Versinkende gedichte ..
Erkaltete feuerstellen:
Manche ein karnerrost
o Voll zerfallender eierkohlen
Wie gesprungener lehm ..
Verlassne gelege
Von bodenbrütern
Voll schalen
o Die der ausgeträumte Phönix hinterliess ..

So ort vor ort
Wie von bovisten unterm fuss
      verpufft
o Ein schlaf-
   und bodenrauch
Der dir die stirn verdumpft — —

INZENS DER SEELEN —
o   Ein weisser schwund hebt von verdunsterschalen
  Der ebenen sich und beschlägt die luft;
Und wasserziehn der sonne —
  Tritt in den wetterwulst
  Ein winterhoch vermehrend;
o Heerrauch von sterbestunden —
  In breiter haube lagert der höhenfrost, voll drähteschwirren
  Und fasert in zungen aus, vampirisch über jedem schopf;
Räuspernde funken —
  Ein kalter schlag aus schneegewittern
o   Klüftet den winkelriss, ins hangende;
Ein weisses fest —
  Scheint durch den spalt: ein hochchor aus nadelbäumen
  Auf höhenrücken vor selberleuchtende
  Nebel, in einen spiegelsaal
  Voll kasteiter spitzen gehöht
      aus rauhreif und orgelpfeifen — —

A: Du bleibst der bildermann, immer im schäferkarren
    Aus bänkelwänden unterwegs
    Der seine fabel hökert und nach dem zeigestock
    Auf moritaten reimt..
    Das leck ist wohlverstopft — dies vogelschaun
 o Und schnuppern in ein fensterfeld
    Voll graues wuseln
    Das morgen heisst, ist aus:
    Pünktlich durch das gehäuse,
    Schilder- und wärterhaus,
 o Dreht sich der schäfflertanz, sobald die reigenuhr
    Die stunde schlägt.. An der museenwand
    Steht deine leib- und ehrengarde stramm:
    Eiserne jungfraun und ritterhülsen
    (Namen, die sie bewohnten —
 o Ein handliches puppenspiel
    Nach jedermanns daumen
    Das hohle köpfe schüttelt
                     oder nickt) — —

B: EINGERICHTE, KRYPTENGESTALTIGES
    Templergestühl
    Das die komplet betritt.. Der sandelstab
    Schirmt die klausur
    Um dies mein zimmereck —
 o Hürdet die sinne heim
    Zum allerseelenschlag
    Und winkt den stundenruf (den einsatz an
    Die ahorngeflammten bässe
    Der alten möbel)..
 o Sie können kommen: hinter der wange
    Hebt die pavane an
    Für einen durchgang oder zwei, wo du dir ganz erscheinst,
    Ein langer saum im rücken (von dem du nur
    Für diesen aufzug erster bist) der auseinandertritt
    Durch dich hindurch
                   in polonaise um sich selber

o DAS WAS HERVOR — DANN IMMER WANN
   Von feuerstein zu stahl
   Jemandes augenpaar
   Ein zeigefinger hin und herbefahl —
   Was in der mitte aufsprang und
o Ein drittes unter zwein
   Was auf die krage oder
   Den docht, vor einen spiegel trat:
   Dies kleine licht,
                   das aufging und
o Sich spaltete in die tausend
   Irrlichternden zungen
                      und abgerichtet
  Zum waldbrand auf der pfanne —
   Auf flaschen geist gezogen
o Dienstbar auf jeden wink, der kaum
   Den daumen am abzug krümmt,
   Mit einem stäubchen flint
   Aus seinem dienerschlaf
                   geschnippt..

o Heckt unterm tisch,
               koboldiges unterholz
  Voll scharren und rumor, im stangenwald
   Der stuhl- und menschenbeine
                   bevölkernd,
o Auf lauer auszufahren (›Riese aus rauch
   Bleib unterhalb — roll nicht die erde
   Unter dem arm in deine puffen ein!‹) — —

    Und dich, nach hinten umgewendet
    Rückwärts vertiefend, zieht, für dieses mal
o Die rinne nach (durch ein schilf- und schattenmeer
    Die sonst der aufgebirgte schlaf
    Lange verschüttet hätte) .. Meerauge, vasenauge
    Ebbender und wieder steigender
    Wasserglanz, vor einem marterspruch
o Der ›*O Fallada*‹ sagt, und noch
    Ein büschel wiesenbunt, das sich
    Und einem stern (vielmehr versieht, dass es auf ihm)
    Die ehre gibt — —

A: Wo es sich ganz — eines und unserlei — begibt:
    Ein mövenpaar, aus augenlust
    Und einem mitgesang
    Der linien spielt um ein stufenland,
                    es weitermalend ..
o Der segelflug der augen
    Legt seine schmiege um
    Ein ufersims
           aus wohn- und weidemulden —
    Ein grüssetauschen, das sich gibt und nachgibt,
    Querzeitenein
           in jahreszeiten
    Durch sich hindurchverwandelt ..
    Durch ein sonett von gartenwegen
    Schreitet ein nachgang in lesezeilen
    Seine veduten aus — —

B: In sich gegangener, in kerngehäusen
    Erwiesener blütenstern
    Von rosenblütlern — der die winde
    Anders verteilt: den fünften himmelsstrich
    Unter die rechten winkel sprengt .. Man hat
o Sein arsenal im rücken, etwas
    Von einem bühnenteller,
    Der speicher und kammerungen

o SIEH DA: GAMBRIN! MIT SEIDEL UND SCHAUM
　Aus keinem grab beschworen,
　Nur von gebein aus seinem namen
　Den einer bog,
　　　　　　　aus dem lateinerbuch verlas:
o Eine buchdruckerlarve, nur ein paar lettern,
　Ein frassbild wie verschrobene lettern gross
　Und in den wiegendruck gelegt, frass sich zu tage
　In andere schwarten ein
　　　　　　　　　und hob den deckel auf —
o Spätschwärmend
　　　　　　aus der taufe geradenwegs
　Auf das ahnenschild gehoben:
　　　　　›Gambrivius, genannt der Gempffer,
　　　　　Ein kühner Heldt und starker Kempffer!‹
o Stammvater und riese, in holz geschnitten,
　Die zinnen- und gründerkrone unterm arm,
　Von Isis' land, um etliche länderecken
　Mit der brauerfahne über dem heck
　In seine hafenstadt geschwankt
o Im bier- und siegesgespann
　Der fleisch gewann
　Von rundgesang zu runde:
　　　　　Humpenschwinger und Patron
　　　　　　Der betrunkenen Kumpane —
　Sankt Philomena auf
　Der wagenbank
　　　　　macht maienbraut
　Und schunkelt arm in arm — —
o
　　WIRKLICH DER ALTE PRAHM UND NOTBEHELF
　　Aus zaunpfahl papyrus und sparrendach
　　Noch auf der hohen fahrt? Und hält und ob und
　　Schlingert das teure pack durch ein geschick
o Von klippen — ein flickwerk von segeln
　Im nassen wind, den stammbaum voll lumpen

Voll rüstzeug, szenerien, dem hellen segment
o　Der rampe unterschiebt
　　　　　　　　　(vielmehr du selbst
　　　Im eislauf, den rücken an eine kreiselwand
　　　Zwischen fliehkraft und einsturz gelehnt
　　　Die grenze befahrend, leitest die hellung,
o　　　　　　　　　　　　　　　ein kleines
　　　Erleuchtetes tapet, das mit dir umläuft
　　　Palettenweise, über den rollengrund
　　　Des stücks) . .
　　　　　　　Auf dies hin:
o　Die andere reigenart
　　　Die den rücken zur mitte hat
　　　Scheinbar sich aufführt, aber
　　　Indem sie ausholt
　　　Einholt mit jedem akt —
o　Eine schwade der mahd
　　　　　　　　　　einzuvergessendes
　　　Nach innen legt . . ›Dreh dich herum
　　　　　　　Der schwindel geht um —
　　　　　　　Zieh deine hürde nach
　　　　o　Allabendlich
　　　　　　Zähl deine seelen
　　　　　　　　　　　in den schlag‹ — —

A:　Man hat
　　　Sein Tischchen-deck-dich auf den knien
　　　Voll spitziges besteck — ein mischpult mit büchsen und
　　　Geheimsten zetteleien, aus lese der lesen . . Ein hausfleiss
　　　Schindet das überwerk — aus spitzen:
o　Spätgotische gesprenge —
　　　Das ähren köpft

215

(Eine wäscheleine voll kleiner nöte
Und verschrobener körperformen)
Stampft mit dem poltergreis am steuer
o Der vor- und nachgrollt und
Nach oben droht, aufs wetterglas
Pliert pliert mit schlechten augen..
    Die alten böcke — urvater elch, mandrill
    Und pavian: jedes um sein schock besorgt
    o Knufft den rebell zurück
    (Was rottet die schädel zusammen?
    Was habt ihr hinter euch
    Jeder in seiner faust versteckt?)

o Auf wanderschaft, an Einen stock gefasst
Leidlich vorangekommene sieben Blindgeborne —
Der mit der seherhand vorweg — so fuss vor fuss
Weiter sich tappende: EIN leid, EIN durst, EIN gliedertier..
    Schlaflos bedacht, auf einem berg der Veden
    o Ein rat Verschworener, um ein feuer gehockt
    Griesgrau vor gram, die schwarz sehn, schwarzes
    Im feuer sehn (ein kohlegeäst
    Wie durch ein walddach überm kraal:
                       krause gelege
    Und wuseleien.. Und daherauf in jedes helferauge
    Das durch die zweige sah:
    Hadernde pfiffe, pfeilgift und fremdenhass) und legen
    Die immerletzten scheiter nach..
o Athos, ein Lhasa und Maria Laach: auf höhlenwache —
Vielzellige sinneshügel, in der schwieligen echsenhaut
Unter verwachsnen lidern
Voll durchschein aus nabellicht — —

o IN JEDEN WIDERWIND WAS SICH IN BANN GETAN
Abwärtsgegangenes,
                galvanisch gelöstes
Salz der beweinungen
                in krusten niederschlug;

    Und übereinandersteckt..
              (Weisst schon: die flitterpagode
              Die der Pope vom trümmerberg sich baut;
o   Er hebt alle deckel auf,
              Stiftet das blech und tapeziert
              Mit silberpapieren)
    Die zunft der Zauberer
    Hinter augurenlippen
o Ein köhlerrezept verschweigend
    Ist in die Inseln der Seligen geteilt:
    Schlaraffengehäuse
              aus bücherwänden
    In ganzen zöllnerketten, über äonen hin..
o Gezückt die prophetenrohre — die aber
    Wärterspiesse voll aufgelesener
    Wörter und kladden sind;

    Jongliert einander die girlanden zu
o Aus bundesbögen
            — streusand und tinten —
    Ein kaltes feuerwerk
            das die eigene herkunft verwischt;

o Jedes ein strudeltier —
    Grosse organe aus ruderwirbeln, seitlich am kopf —
    Das fühlert und schlürft und von sich gibt
    In einer hinterhöhle — —

B: ERDSPALT ORAKELSPALT DAS BUCH
    Kerbe und schooss
    Für eine phönixpalme, schattend mit
    Langsamen flügelschlägen
              in ein befiedertes

Was unterm kniefall oder
                    dem aufgehobenen stein
o An allen strassen (denn es gibt
  Nur gräberstrassen) elektrisierend wahrgenommen
  Heilkräftige rutenschläge in das mark erteilte;
  Oder den zellensärgen heiliggesprochner, augenlos
  Anblickender aschen die luft
o Auflud mit ohrenklingen:
  Ein sich vergeudendes, auf wanderung
  Von leib zu leib, verteiltes element
  Strahlender körper, auf das ein schon enthaltenes
  Im eigenen rückgrat ansprach —
o Sei es von selbst, daß es zusammenwollte
  Auf quecksilberweise, sich zueinandererbend; oder
  Ein haushalt, von strahlern betreut, am werk:
  Ein tiegelrand, vielwinkliges wandgefäss
  Der einen schmelze, schirmte den stirnreif, leuchterreif
  Um den versprengten hort . .
        Vermummte templerzüge,
    o *Steiger in kutten über stahl,*
      Mit der verhüllten bahre fuhren
      In lummen der erde, die geschleife der Toten ein;
      Ein wehruf rang weisse Beginenhände
      Um ein schweisstuch und schleierstück
    o *Das der Zigeunerkaiser*
      Der karnacht und totenwacht entriss;
      Ein flooss voll Argonauten
      Fuhr durch den berg
      Und hieb ein leuchten aus dem fels
      Das aus der irre wies —
o Und friedete, stein neben stein, die Heilige Schar
  An seine borte in einen ring
  Vasallen: um diesen leitstern im genick aus nichts
  Als eben dem ort volldacht . .
        Vorlauf der nacht, ruchbar gewordener
        Glanz aus der krone Luzifers
        Und milchopal der milde, den Gott

    Dach überm stamm der lehne..
    Lauden aus kupfergold der sonne
o Vom gongschlag der abende gereiht
    Blättern das stundenbuch der vesper fort:
    Jemandes abendmahl
    Mit einem vers
    Voll spätwein, lesewein
o Muldet und wärmt
    Sein fliessgefäss (den einbaum und flösserbaum
    Mir angeschmiegt, der die strömung der unterwelt befährt
    Voll des hinabgespülten
    Um die vergessenheit) .. Ein rieseln im rückenmark
o Vom mitklang angeschlagener und in der turmwand fort-
    gepflanzter glocken, in schüben aus lockerung, vibriert
    Ein geäder von sprüngen, das aber ein wachstum
    Von wurzelwerken, durch diese lücken, meint — auf eine blüte
    Der beiden kronen zu: eine hantel von baum
    Mit je einem nest darin — —

A: Durch mich hindurch
    Anwandernd abgewandertes
    (Ein totenkamm, von unsichtbarer hand
    Durch die haare geführt) —
                          wechselt den stoff
o Ein winzertreiben, das für mich schafft
                              und siebt — versiebt..
    (Ein korb voll altjahr: zerpflückte briefe und auszug
    Von tagebüchern)
                  für fremd erklärt
    Von heikelster haut, fleckfiebernd ausgeschiedenes
o Nach willkür, die nicht die deine ist, die du
    Schon morgen nicht wiederkennst..
    (Erblindete rose, aus russ der mitternacht
    Verkohlender blätterpilz auf einem rost voll
    Verworfenes frühwerk
    Und verfallner gelübde) .. Immer der nämliche
    Fressende tropfen, veränderliches

Sich vor das auge hielt
Und einen blick darein verschloss;
o *Ein lautlos überredendes, anschickendes heil*
Und lockruf des lichts, der augen-ein
Und abwärts die rücken floss —

Dachte ein helmdach (münzgewölbe
Mit bestandenen brückenbügeln,
o Unterm hangenden ortstein
Und siegelstein der blume)
Welches die scheitel überstand
Und oblag jedem
Als petschaft ohne schaft
Und prägepfeiler
Eines allgegenwärtigen zenits ..

Dies mischgefäss des lichts
Aus fensterrosen — glimmender kolben
o *Der ein magnetfeld von planeten,*
Das sterndach
der verschanzten sakristei
In ein flammeninneres verschmolz
Aus mana der augen — und dies
o *Fiel von der tafelwand*
Aus dicht an dicht ikonen —

Die phalanx der Patriarchen
Deren jeder ein reifenglied
Der zwinge und smaltenes mauerstück
Im vieleck aus bildertafeln übernahm ..

Noch hinterlegt, alle legenden:
Mit unterpfand und urnenweise
o *Heiltümern oder kleinodien*
Des Reichs (kraft deren es
Dies war:
Ein speicherndes element und angeschlossener
Meiler des heils,
o *verteiler*
Einer geballten glorie
In niedergespannten energien

     Gallert- und kugeltier, das satte fühler einzieht
     Und auf das neue treibt — —
B: Aber ein kügelchen, zellhaut
     Voll ganz besonderen safts: sommererlös
     In chylen (reiflich gelagerte, schwinge auf schwinge
     Voll heuriges, haushälterisch, neu immer angesetzte
     Essenz) dir einversiebt, -versippt:
o Fliesst einen leib im leib —
     (Und in gestalt der mienen eines
                      verfährt
     Der nur im notenbild
     Besteht und die züge des spielers
     Durchwachsend
                    durch sie hindurch erscheint) . .
     Der sauser im blut, der seine stunde kennt
     Und aufgirbt und aufbegehrt — —
A: ›Land unter‹ — trübstoff des ungelösten
     In sachter lehmschicht über jedem blick
     Nach der verlaufenen flut . .
     (Gewebe-beben: die maische schwappt
     Bei jedem ausfall aus dem trott oder andersherum
o Gerührt, gibt es ein aufgewirbel, das dir
     Bis in die augen wölkt) . . Geschlämmte kreide: die kreide
     Ist das, in der du steckst — —

B: Vorrätig eingelebtes
     Gleitender lösung
     Verfügbar, rufbereit
     Auf ein gesenktes oder nur angeflognes
     Lotendes scheidekorn
o Flockt aus:
     Samen- und sinngestöber
     Das einem einfällt oder

> *An jedes haus — ein weihgefäss*
> *Voll schwereres wasser — von pilgerzügen*
> o *Über das land geleitet)*

War das der Gral, schlaflos ersonnen und
Herabgelistet, in ein knotending verplombt aus nichts
Als schloss und nieten: ein durchbrochenes rauchgefäss
Aus durchblick und verhüllen, hinter dem
o Etwas hervorbedeutetes für alles mögliche
Zu sprechen begann?

> *Einer — ER — ist daselbst*
> *In beugehaft:*
> *Der bergfried des abendlands*
> o *Ist ein schuldturm, darin*
> *ER haften muss — ER ist daselbst*
> *In schulden angelegt*
> *Dingfest gemacht durch aufgedrungene*
> *Hekatomben von darlehn;*
> o   *ein unverjährlicher*
> *Anspruch von toten gläubigern*
> *Bürgt da für ihn*
> *Und stundet das soll — —*

o BEILÄUFIG MITGEFÜHRT
 In den gerinnen
                    (bächlein
                              der altstadt
o Neben den gassen her)

                    silberfischige

o Gemmen,
         vergriffene segentaler
                              voll belag
 Der toten hände;
                    oder
o Aus brunnen geschöpfte
 Talismanische opfermünzen

Untief zur hand
Im tagebau
o Auf weniges schürfen liegt..
Ausgefirnt, in wasserständen
In den steiggrund der umzeit fliessfigurig übersteht
Ein farbrand der höchsten erhebung;
Durch erntefolgen, ein hochgrat hinterm grat
o Webt sich ein zeilenbild
Aus der punktur der gipfel
ins hinterlassene
Getieft —
eine kimmung
o Aus gipfelleuchtenden momenten
(Und vielem ausgelassnen)..
Mineralisch ausgeblüht
Im wasserglas der zeit
Zur misch- und zwischenschicht, in der das licht
o In etwas kristallin gekörntes
Übergeht: die totenmaske
Eines letzten willens
Der seine summe übermacht — —

A: Schleppspur ergangenheit — die strudelspur
Sich verwischender wasserglimmsel
Wie aus der unterfläche
Des lichts von einem klippenzahn geschürft —
o Rudert ein lichterschwemmen
Gegen den strom und zieht sich hin..
›Mich tanzt ein mückenschwarm atome —
Phantome.. Schamanisches blaulicht
o Das zuckende worte sich selber
Sagender prophetieen wirft‹
Du armer zwischenwirt, vom nachtschwarm parasiten
Bestürzt, auf eine faselnacht
Die schwürende gallen hinterlässt —
o Maden-, monadensack (graue nomadenfalter,
Schweber und totenköpfe sind drin verpuppt

  Der wiederkehr —
      kehrten
o In seitliche reusen ein,
       die schrannen
  Der fortgesetzten Dult:

o Goldmachergässchen,
      winklige bottegen
  Voll zinnglanz
      und greifenschnäbel,
  Verhuschte nickel,
o   kleinlaute löwenklaun
  In der gerätefron . .
     Durch die sie ziehn:
  Schlendernde reisetrupps
  Um gedunkelte möbel und passahleuchter (die
o Von einem gas geschwärzt sind
  Das nicht verflüchten will)
       uhren
  Mit einer sterbestunde
      auf dem gesicht . .

o Das bronzetier
     hinter der tür
  Legt einen fallstrick
     grünes licht,

  Einen impfstrahl
     aus drachenaugen . .
o Sie gehn
    alle mit einem larenstück
       behaftet
  Aus elfenbein, ton, pergament
  Das die feuchte aus der hand schlürft und
o Um ein stumpfes gefühl
     wie morchelstaub

Und schlüpfen aus) .. Reib dir
Betretene augen aus, du wirst nicht wach davon:
o Hypnotisch beschlafen, schlafhandelnd auf befehle
Die du nicht kennst, bringst du sie an —
Ein ziel, das du noch weniger kennst — —

B: LAUTLOSER UMTRIEB, INGERÄUSCH
In mir, der immer drehenden scheibe
Saturns voll übertausend furchen, alt-
beträumt in gewesenen bildersprachen ..
Der tagstrahl und hebearm greift in den schlaf,
o Senkt den saphir in seine rillen ein
Und schürft das heisere: vom rückenden geistertisch
Auf unsichtbaren knien fängt es zu reden an —
Durch wachs im ohr .. Bin das nicht ich? in immer anders
Belegten stimmen meiner
o Wiedergehört
         und nicht erkannt
Bis dir der Dritte sagte ›*Das*
Bist du‹ — dir an der wiege namentlich
Heraufgesungene paten, die dir ins leben wollen
      (Da ist, geharnischt siebenfach das herz
      Der Fronvogt und Heidenvogt, patron
        o Der waffenschmiede, der seine rüstung aber dann
      An die kapelle hängte
      Überm eignen grab .. Da ist,
      Was er verschwieg, der Werber und Abgeworbne
      Der einen vorgenuss von leisen,
      Ein minne- und mannatrinken meinte —
      Das aber sie nicht wollten;
        o Und also mitverschämt für sie
      Den fest- und gänseschmaus bestellte —
      Selbst aber weiterritt
      Weiss über weiss und mantellos
      Nach einem loskauf
        o   hinterm tor .. Da ist
      Unterm orakelbaum und hintermalten laub

    Vertauscht —
            schwer wieder abzustreifende
Kletten der unterwelt — —

    o Sonach auf wiedergang:
      Rauchgoldener fliessglanz —
      Ob nun auf räderschiffen

      Ankernder messen oder
    o Archipele der südsee durch
      Sich leichter pirogen bedienend
      Ein erbe von gastgeschenk —

    o Armschmuck und muschelketten —
      Von schenktag zu -tag
      Weiterverleihend
                im adersinn
      Mit den Gewesenen versippt —
    o Ein umfluss von doppelkreisen

      Die gegeneinander gehn,

    o   einander das blut
      Und die gefässe sind —
                einander überlebend — —

DASS ÜBERM EINGELEGTEN STERN —
o In sich gegangener
  Ausfall und steingewordener
  Sternmarsch von heeressäulen —
                ein Pyrrhussieg
  Und unversehrt, in tafeln der totenklage

          Der Inselträumer und
          Druid der adlerspuren ›*Stör' meine kreise nicht*‹
          Ein kettenbuch auf seinen knien) — —

A: Hungerknurrender oder satt-
     redender bauch .. Nicht nur die Drei —
 o Kartesische flaschenteufelchen unter druck
     Kommen herauf, sobald du nachgibst: wechselbälge,
     Durchlaufene krausgesichter deiner selbst,
     Nicht wahrgehabte (oder die obigen,
     Aber im höckerspiegel, denen der Schalk
 o Und Stöbergeist, jedem sobald er spricht
     Ins schnäpperding das schiefe wort
     Vom mund stiehlt und ihm
     Sein gähn- und zerrgesicht
                  gross an den tag
 o Aus dem zylinder zieht:
          Jenem, vierschrötig eingehaust auf seiner burg, den Schwelg
          Und Zotenreisser, der schröpft und peitschen knallt ..
          Klepper und schellenkappe: diesem
          Der für die hirngespinstin seines buchs gebläut
       o Von einem kleinod faselt, das es nicht gibt ..
          Zuletzt: den schlimmen rauner und augur
          Mit dem tragödenmund und lästerfalten
          Der die tiefen blicke zielt
          Und den schwell- und beberton dosiert) — —

B: Gesenktes blut — mitgift in salzgemischen,
     Mit an das land genommener
     Sinkstoff von wimpertier
              Und Behemoth:
     Ein hubraum voll weltmeer,
 o Herzraum der nachdünt
              unter verwichnen monden,
     Und graupelnder schichten
     Durch einen meerestausch
     Hebt in das höhenlicht

Den bogen hebt; dass dort
Ein durchgang abgesandtes blut in fahnen
Den einen Aufgehobnen
Scheintot bei leben hält; und dass
Im brennpunkt unterm grab-
o   und lesestein
Dies eine körperchen ein ganzes meer
Rot vor das auge dehnt;
                           dass über der bronzeschale
Ein bajonett aus brand
o Unterm lorbeer versteckt
Ein ringendes heiligtum
                           beschwört,
Durch androh zu verlöschen
Sein öl vermahnt . .
o Ein numen von ehre
In schleifen
                 von heikelstem weiss
Allabendlich
             gefristet
o Verzieht am ort . .
Betrautes immergrün
Schwimmender ring
Überm versunkenen zu sein . .
                         Das schattentor
o Lichtet sich ab: ein türfeld voll ungewisses
In das vorübersehn —
Ein gleitendes bogenband
Auf trägern, die sich entziehn
Gelegt: verfolgbar, die faden hinab
An ein grundnetz der ortbarkeit — —

o HÖR WIE DIE SUDELKÜCHE,
Geschürte ofenkunst
Mit häfen und brauerwannen — wie da hindurch
Ein brodel von erdpech
                    murrt oder zischt;

Den tafelberg ..
Ich sehe wasserstufen —

     Ein Nymphenburg:
Von einer leichtgewehten
o Welligen glanzhaut
Eishelle wasserblitze
Über die hoch errichteten
Häupter auf warmen sockeln
      Gelagerter —
o Ein meereslächeln
    der herkunft
Auf den gesichtern oder
Je wie dein himmel mitbewölkt ..
Dein mitgeborner, zähester Jadeberg —
o Der malstein, steintisch um den
Die becher gehn, würfel und wein, die sie
Ein gastmahl der getreusten hörer, denen
Das stillste unterreden gilt,
An deiner tafel halten
  o *(Einen, hart wie ein huf, von dessen knuff*
       im mutterleib
   Dein Pansmal am schenkel stammt; bis hin zu dem
   Der an der ätherhaut nur aus gespür
   Verging) die unverwandt
o In das beginnen sehn
Halbspöttisch unberührt und so
Dich überstimmen
Durch nichts als wegsehn,
    ins blaue sehn — —

A: EIN- ODER ANVERLEIBT — UND ZWAR:
 Auf kopfjagd im busch
 Den gürtel voll ahnenschaft gebeutet .. Alsdann
 Amok- und todesengel, der durch die strassen läuft
 Lockrufend um zu töten: ein böser blick

    Ein stimmenorakel
              das blasen
    Aus der gestockten masse
    Eine kräuse
            auf säuerungen
o Girbt und vergirbt;
              die vielen
    Rauchenden säle, wie flötenkessel
    Denen der überdruck
              von unten
o Ein gärgas von stimmen
    Entpresst, ins vorgekehrte
    Fangwerk
          von dachgefässen,
    Das pyramiden hebt;
o Wie da, gekühlt
            verdichtet
    Zu guter letzt und abgeklärt
    Dieses sich abgewann:

o Ein bauchgefäss voll dottriges etwas
    Das durch altertümliche geburten

      Und heckenschuss rahmt in die fingerkimm —
      Durch den gezogenen lauf, aus ring um ring
      Der eignen pupille, zwölf schlingen dicht
      Verschnürt, aus seiner wunde
      Zieht an das licht: fang über nur um ein
o   trophäenstück
      Entflorten fang .. Eurydike
      Trat bis zur schwelle vor; dann sah
      Sein vogelauge hin, doch nur
      Den lichtsaum der seite,
o   eine windspur von nackenhaar
      Und stahl den vers, der weiter nichts als
      Ein blonder grat
      Der silhouette war .. So denn
      Auf raubflug der augen, von sprungbrett zu -brett
o   Der sockel und gräberplatten
                       wildert ein brauch
      Eine ruhmspur aus absprung und überschlägen
      Hinter sich lassend ..
B: Und hiess die eignen sinne überlisten, sachte
    Vom mahlstrom der augen fort, auf eine nebenspur
    Einen abzweig der weiche
    Sie auszuleiten — den umriss der Zweitgebornen
    Vom abschwung der augen modelliert
    In einen beigesang
    Fernerer linien — —

A: Und hiess ins schlankere
    Auf drängen der hände
    Nach ihresgleichen
    Den lehm zu untertreiben ..
    Ein vorrausch von weinduft
    Aus der trotte gestampft, in gestalt
    Eines tanzenden Bogenschwingers
    Ging überlängt hervor ..
o Dem erdkloss ein augenkeil
    Unter die haut getrieben

Halb tier-
Halb menschenähnliche gestalten schwärt.. Das also war
Das schnörkeltier — Hockauf Homunculus
Und Horus auf der lehne: Seepferdchen Paragraph
o Ein glühspiraliges
                in ganzen gassen
Aus lichtergalgen oder kathederfunseln
Driesendes schmöker- und
Spelunkenlicht — —

o *›Doch bis zum Menschen hast du Zeit‹* —
In die gare zurück — und werde licht..
                      Wurde es licht?
Jenseits der eisenzeit: nicht mehr bemerkliche
Röhren voll leuchtgas, edelgas, allgegenwärtiges
o Reichliches licht verbreitend, rauchloses licht
Und schattenlos.. Wenn du's
Durch deine wimpern anschaust
Leicht auszuspinnen
Strahlenfigurig
o In eine angelehnte
Wedel-von-palmen-gleich
Abwiegelnde nicht-mehr-klinge —
Anmutender augenwink, vom flügel-
Oder libellenjoch
o Der nicht-mehr-waagebalken.. Ein unauffälliges
Rieseln des takts, von kettengliedern
Leicht wie ein armschmuck den handgelenken
Freiwillig angelegt: einer die wohnhaft ist
In der perlmutternische
Hinter der augenbinde — —

Sprengte die gussform
Für ein enthaltenes feineres gewächs

     von diesem ab — —

B: Lilith, Nächtigerin
 Die ihre lagerstatt
 In deine träume schlug —
 Du weisst noch wohl: es war
 Ein unerleuchtetes abteil, wo sie
 Von einem streif der haut
 Die salbe nahm
 Und in die augen rieb —
o Wollte verwunschen sein,

     auf dass
 Ein aufbild
    in der scheibe, das
 Der tag, eines das andere durchschien
o Beim augenaufgang
 Der den vorhang beiseite riss und jene
 Hinter die lider tat
 Im milchglas der frühe, nicht mitversinkend
 Aus dem vermuten träte und
o Rede und anblick stünde..
 Durch eisglas
 Voll malender taugerinnsel
 War ein lichtsee gestreut —
 Ein fischtanz
o   liebestanz
 Grüssender silben und sekunden
 Fiel da hinein
    der ein silberschuppiges
 Spriessen in die besämte luft
 Entband — —

o EIN GITTERKRISTALL
   Und riesenmolekül
   Aus schädelknorren (oder
   Ein langhaus voll roter togen und
   Tonsuren) auf einen eingereichten
o Lot- oder fragestrahl geschürfte
   Quanten erinnertes
   In übersprüngen
   Über ein chorgestühl auf stufen
   Aus einwurf und gegenwurf
o Gesprächiger funken
   Über die scheitel hin
   Würfeln den überschuss,
   Eine ballung von voten,
   Die von der waage schnellt
o   aus block und gegenblock
   Und aus der kerbe fährt, hervor .. Dieses
   Ist das ordal:
              ein ausstoss von energien aus bündelzellen
   Des einen gedächtnisses, auf lehnen verteilter
o Lebender taben
              tritt an ein mantelfeld
   Eingeschwungener schalen,
                  eine besetzung von auren
   Vermehrend,
o   früheres
   Weiter hinauf, hinaus
   Verdrängend —
              somit in kraft und wird
   Eine schütte von neuerungen
   Die den umfang überhellt — —

A: MIT ALLEDEM BETHRONT
　　Zu sein . . Die mauerschau
　　Der todesengel, eine scheintür im rücken
　　Den steinfrass im gesicht
　　Mit zeigefingern auf dem mund
o　Gezückte klingen
　　Flach auf die scheitel legend, wo sie auch stehn —
　　Das ist: den fuss auf einen sarg, der ausgesegnet
　　Dies kalte treibhaus weiterrückt . .
　　　　　　　　　　　　Sie warten zu:
o　Mitfolgende geieraugen auf dem rand
　　Der offenen türme (ein Parsenbrauch
　　Gibt seine Toten dort zurück —
　　Vom ausgeläut,
　　　　　　　der fermate des nackten himmels
o　Überschwiegen) . .
　　　　　　　　Einer zur zeit
　　Im torbau, auf den steinblock gebettet, wo er
　　Den klüngel der Schweigenden, der dicht und immerzäh
　　Zusammenhält, vertritt: ein Hinterdächtiger, der mühelos
o　An einer wimper lenkt (gut lenken hat)
　　Die nicht mehr zuckt — und unverwandt
　　Mit einer rüge im gesicht
　　Dies arge schweigen mimt,
　　Dies wissen-um . .
o　　　　　　Dabei den früheren
　　Zu tode schweigt, den keiner nach ihm kennt, den er
　　Aus seinem grab verdrängt
　　Und in sich hat, als den knebel im mund . .
　　Wenn dahinein, vom vorplatz
　　Unter den mauerlinden, ein brunnengeräusch

o DA WÄCHST EIN TUMOR AUS DEM BODEN
Und grosshirn
     äusserster nervenenden (dereinst
Sehhügel Gottes,
     zuckendes weltenei)
o Im abgezogensten bezirk
Aus einem aggregat
     von stirnen:
       weisse sutanen
Um ein würfelding (es sei
o Der neue angelstein
     der welt
Der nicht vom himmel fiel) tun dienst,
Ein schatzhaus,
    steuerhaus beschickend
Mit äonen voll eingewinn
Und ziehn die orakel aus . .

   o Ein Vatikan
   Voll kataloge und kartein
   Auf gerollten filmen
      mit fieberkurven und seismogramm;
   Kernschleifen voll genom,
 o   mumische hirne voll
   Thesauren und konvolute bildend
   Gekammerte ämter durch, in langen katasterreihn;

    Und sommergirren dem
    Nicht in das schweigen fiele:
    Dies grüne schwimmen ausgangs
    Von balsam die augen dahinein
    Zu tauchen —

B: Die sich versinnen, waagerecht hinab
    In brunnengänge aus hinterwärts
    Durchsonnten säumen, mit staffeln von hängelaub
    Einwärts verengt, auf eine hellung zu —

A: Ein krater, der grüne laven giesst
                         um farbenblind
    Verschwimmende äste, ein lüfteflimmern
    Voll gesichte, summendheisser kelch voll bienen und
    Zirpender nebensonnen —
B: Weitervertieft, in eine rauchende
    Lösch- oder
                giessergrube des lichts:
    Schürende halmerechen
    Von einer speise
o Räumen die kräuse
    Und aschen fort —
    Hebende schattenhände, die das blut
    Der grünen kirne schlagen
    Und waben schleudern und
    Aus einer taufe von lauterbränden
    Werdende formen heben — —

A: Geht's mit, das märchenbuch, immer noch fromm
    Dir vor die stirn gebunden? (Tut gut
    Beim in-die-sonne-sehn, dies stück
    Geschmauchter film;
                  die krakelüren
o Legen ein strichbild
              über den lichterschutt — es scheint
    Wie ein Olymp dadurch:

        Ein schaltwerk
                kryptischer spulen
o   und regelkreise
    (Immer enger verknotet, bis irgendwann
    In einen punkt
             aus schlingen
    Der alles verschlungen hat:
o   etwa die glimmspirale
    Des warnlichts, das ›ja‹ oder ›nein‹ glimmt —
    Nichts weiter mehr) . . Das Buch der Bücher ist
    (Und war ein prunkband mit zellenverglasten
    Feldern aus bildemail, getriebenem goldschmuck
o Und edelsteineren buckeltürmen
                        einer verdichteten
    Vollzähligen stadt)
              ist umgeschrieben, anders gebunden:
    Ein rohbau in meilerform —
o Einfach so hingeschnödete
    Tarnfarbige stülpen, aus mahlsand
                    über draht
    (Aber da sind
            kartuschen
o Voll ganz besonderem staub,
    Strahlendes dynamit der Toten
    In seinen kern gelegt — obschon
    Auf jeden durchgriff
              der fäuste
                  und tastendruck
    Emsiger rechendaumen zu gebot) — –

o ROM ÜBER ROM, AUF STUMMER KURRENDE
    Hörsäle der apsiden und sanktuare
    Der Heiligen Weisheit durch, von schwelle zu schwelle
    Den roten pfeilen nach, gehn armenchöre um
    Einen abstrahl von einblick
o Aus jeder sockeltiefe
    Vom zeigestab, in der kustodenhand

                    gestirnte götterkniee,
Wundmale von sternen auf Perseus'
o Erhobenen segenhänden) .. Der schwarze spiegel
Ist ein gorgonenschild — zugleich
Das brunnensieb:
               eine schwinge luftiger durchschuss
Durch die es drüst und
o Glitzert durch den kies,
                    nasskies der sterne — diesen
Estrich der unterwelt .. Weiter hinein
Ins dunkle vertieft
Ist es dein eigner augengrund ..
o   Fliessender wiesen-emerald
Der brunnensohle: ins ebengrüne,
Sieh dahinein — ein burghof
                    voll turniere,
Dein mitgezognes
o   (ein- oder angelesenes)
                              kastell
Vollführt ein puppenspiel
                    gebarender göttersöhne
Das die hände des spielers bewegt ..
o Unter limonenzweigen, um den erhöhten rand:
Mühsam erinnernde
Mienen voll nachtraum
                    und kummerspuren
Stellen ein preisgericht —
Sie ziffern gemeinte verse nach,
Kaum wiedergekannte in fremd-
gewordenen sprachen — das eigene stück
o Wieder anders besetzt,
Bei lebzeit
         eingesetzt
                    auf lange pacht
Der szene —
o Und schauen zu
Ob man befolgt — einen nachruf, gelübde

    Hervorgerühmt..
    Gewesene hände
    Aus gräberfunden, von der nachfahrt der augen
o Hervorgerufen, greifen herein
    Und weiten die ungehobenen
    Tone in ein gefäss..
                Von marmornen beständen
o Weht eine brise her, eine spülung der stirn
    Die die höhlen entwölkt: eifernde sprudel
    Richten die blüte, inwendiges lüftesingen
    Der klarsicht auf.. Bis in den nacken durch
    Bohrende maskenblicke mit greiferschalen
o Heben den vortraum aus dem schooss.. Langes vertiefen in
    Das dunkellicht der kate, das ein erdgesicht
    Halb mann halb mütterlich, erhellt (das moorbad der sinne
    Ist ein rupfen voll erdbrauner mischereien)..
            Ein klingenhieb
        o *Klüftet die wand: in eine zone*
          Von blauem ozon
                  stehn keile
        Aus kühle
               auf — zur stele
        In steiler raute über
        Der zeile des roten
        Ins kahle gestellt..
o Und noch den wurzeln nach, vom bildrand vorgeschoben
    Auf die offene mitte zu —
    Die hinter den augen um sich schliesst — —

o AUCH DIES DURCH-DIE-NOVENEN-GEHN
    Auf wallfahrt, an ein kur- und pilgerheim
    Abseits in feuchten wiesen, sumpfdotterblumigen..
    Die wasserprobe, durch ein brauchtum von bädern
    Und bitterwässern — ein finnenbad, im birkengehäuse
o Mit geisselung und güssen
                untergehn;

    Aus sterbestunden hält . .
    Denen entkommst du nicht — du kannst
    Nicht aus der rolle, nur sie
o Vertauschen: sie halten die andre
    (Kostüme und namen)
    Für jeden, der aus ihr fällt, bereit — —

B: SCHÖN WÄR'S: DER ZAUNGAST SEIN
    Und mitschaun —
                   aber
    Da geht ein weidezaun herum
    Der schläge versetzt,
o Nadelstiche
    Aus tageslicht
    Das ins gewissen zuckt . .
    Der saure biss, in die geimpfte frucht —
    Chymische saat der zeit
o Von bittersalz gedüngt — der dich
    In dieses zweifellicht gebiert:
    Halbgrünes leuchten
    Nordischer zitronen — —

A: Ein doppel-
   züngiger biss
   Mit silbernem
                  skalpell
o Ritzt jeden oberarm;
   Ein kühler geist
              reibt dir
   Sein pockenmal
                 hinein . . Spürst du den dorn?
o (›Dorn, der die glücks- und findelhaut,
   Wehmutterhaut zerriss, ihm von der schulter riss und so
   Den Schlafprinz durch die hecke liess‹)

                              dir selbst
         Im linsenlicht, das dich durchschaut
         Den weissen schattenbrei im leib
         Vor der opaken scheibe
                              wildfremd vorüberziehn ..
    o Auf abendkurs
                    ein bildfeld
         Milchiges licht vor augen,
         Durch das die wiederkehr
                              der tiere, ledergrau gelaugte
         Haarige wichtel steigen: leibingesinde, allerhand
    o Halbschlächtige zwischenglieder, in gläserreihn —
         Die untergedanken, mondwurf und vorwurf deiner selbst ..
         Der schlangenahn
         Liegt auf dem schieferbaum versteint —
         Ein bolzen am kreuz der armbrust
         Ist angelegt und zielt, wohin ..
         Der lichtpfeil dirigiert: dem nach
    o Durchlaufene schrumpfgebilde,
                              klumpfüsse greiferfüsse —
                                                      bis
         Ein hüllblatt die spanne auftut und
         Sein ›*Ecce homo*‹ weist —
    o   aufatmen in
         Ein pentachord von intervallen
         In knöchelschrift, mit einem chorsatz auf der hand
         Fingerglied für -glied
                              anzuschlagender tasten
    o Das aufliegt einzuüben
         Und auf den spieler harrt ..
         Weiter an dessen hand
         Der mit dem augenspiegel auf der stirn
         Dir die oblate reicht
                         aus mutterkorn,
    o Dem beichtschlaf
                    der niederkunft
                                   von dir

Gehäutet in das heute — in die andere kluft
Geworfen: ein byssusgewand aus der phiole,
Glanzstoff und wetterhaut aus zäher plaste
Nichtleitend unverweslich atemdicht — —

A: Dran geht's: hier tanz', hier ist das tanzparkett
Hier hast du platz — wenn auch nicht viel ..
Das haus ist ausverkauft:
Ein kolosseum augen steigt —
Sie spielen mit, es quillt die gänge ab,
                        sich überschiebende
o Wollige schöpfe, dicht neben dicht
Drängen zum hammelsprung
— Alle von links — herein .. Sind klöpfelnächte
Ende advent: es gibt ein laienspiel
(Ein rührstück: mit treibern vom morgenland
Und herden die sie zur krippe drängen) — —

B: Der pfeiferchor
Mit den fäusten vorm mund, ist laut genug:
Besser
         ein pfeifchen ultraschall, mit fledermaus
Delphin, und quergepfiffen
o Feinere stiche — zecken und flöhe —
In die ohren zu setzen
                  (neuartiges ohrenklingen
Das die gehöre schärft) ..
                Auswandern in die nuss:
o (Ein tauchboot unterhalb der flotten,
Eine witternde kompassnadel
                quer zum passat —
Ein stiller ozean liegt unterm eis
Der der kürzeste umweg ist
In den fernsten ost) — —
A: Arktisch gerüstet — mit dickem fell,
Dem goldenen widderfell, zurück:
Altheimische bärenhäuter, in die asche zurück —

      Dich unterziehn:
                den vorhang
o   einer kabine heben
      Der den vorschlaf
                für die dauer des übertritts
o Erhellt ..
         Wahrträumende
                  innenwände
      Einer moschee
                auf einem wendelstein
      Zu denken, spindel-an
o   bestiegen
      Und dort ein weltall zeichen in der nuss,
        Eine muffel voll höhlenmalerei — entblindet —wiedererkannt
      Zu haben .. Argus der schwelle,
      Ein wurmkopf voll hyderstümpfe
o Mit hundert augen aus molybdän und glas
      Dreht sich und murrt
      Und schleudert ans dach der türmergrotte
      Glitzernde schwärzen, aus den flüssen der unterwelt —
      Die abwärts in silhouetten
o Und durch die wirbelsäulen, diese massierend
      Zurück an den ausgang fliesst — —

MITWACHSEND UNTERHER, SOBALD
Mit ganglien aus funk und meldefäden
Voll knistergeräusche, die luft durchfasernd
o Dies sonnengeflecht
   Zu warnen begann, in zeit- und sendezeichen:
   Trat aus dem wimmelwuchs versprengter organellen
   Ein ätherleib nur aus gespür zusammen
   (›Zerstückter riese, Purusha der die glieder streckt
o Und ausholt, keiner weiss wozu‹) ..
   Langwelliges wärmeströmen, durch haargefässe
   Schickt sein erröten —
   Abgesandtes blut, an ein darbendes glied
   Die eines das andre versichern ..

         Weislich getarnt in
         Propheten- und büsserasche — —
B: Die alte reisekogge: in der flasche getrimmt —
         Ein kleines postschiff voll ladung
                              an unbekannt — —
A: Ein cocktail der
                    taufe
         Aus besonderen feuerwässern
         Die für ein kauf- und kaperschiff
         Gebraut, einen denk- und namenriss
         In seine flanke schlügen — —
B: Andernorts
         Hiess das ein nachlass voll geballtes
         (Im väterschrank, aus pappelholz
         Gotisch gerankt, auf löwenfüssen) hinterlegt .. Ja nicht
         Die Hydra köpfen, ungeköpft
    o Verknoten: den ringstrom kurzgeschlossen
         In ein verkralltes nordisches ornament —
         Einen marlschlag gegeneinandergeschürzter
         Mäuler und ringelschweife
                              (das ist die schürze abgelegt,
    o Die schleife zu und
                    an den pflock gehängt —
                                        selber
         Aus dem umgriff heraus) — —

A: ROLLZEIT: DER HEILIGE FRÜHLING ROLLT, JAHRAUS JAHREIN —
B: *Durch überläufe, die alpenpässe*
              (Laufgänge aus abgas und schilderhuschen)
              Stockende klärgefässe
              Die ineinandermulmen ..
         o *Ein wett- und wurmfrass*
                              über land
              Rülpsender hungerleider
              Braucht wänste voll mangelkost
              Weil die ein spurenelement nicht hat —

Windfahnen
            und -fänge
                        aus fühlerstahl
Im gleichen wind
Westwärts wie ost
Einander zugekehrt —
Gehört und überhört:
o Der herzschlag
            des läufers
                        von Marathon
Pocht aus dem seegeräusch der muscheln — umgekehrte
Trichternde lauscherrohre
                        (der zuversicht, es müsse
Jemandes ohrenmerk erstehen, wenn sie
o Mündende tuben soviele möglich
In ein gehör verschlängen)..
                        Ein aufgebotener
Summton des empfangs geht aus
Das eine herzgeräusch verstärken
o Das aufrauscht unter jedem ort
Und sein organ betritt..
Getrennt, hervorverschärft
Aus dem wellengewirr der stimmen:
Ein ›Kyrie‹
            ›Helau‹
o   und ›Ho-Tschi-Minh‹..

Was noch
Brach in die pausen ein?
o Ein aufsehn
            von stillstand
                        und erheben
Sämtlicher säle
o Das um die erde ging
Schlug einen stundenhimmel,
                        eine fermate

A: Um einen lungerblick ins paradies —
B: *Durch grünen brillenstar:*
Hält sich ein schlüsselloch
Vors auge und schnäpperding,
Dies fahrende schrebervolk
Von sonntagsfängern und botanisiert
Die welt ins bilderbuch —
A: Landnehmende wagenburgen, den kosenamen
Der sonne nach —
B: *Vertont auf schmierenlieder..*
Wohnliche braut- und muschelwagen
Der blonden Galatheen
Um mollige flachseen geparkt
In kriechenden austerbänken —
A: In das gelobte land,
Dabeizusein: zum grossen Fest
Durch südwind voll hörensagen —
B: *Das ausgelobte land,*
Südwind aus werbetuten..
o *Am ziel —*
in rädersänften
Durch ein Forum voll dämmerspiele aus Hawaii
Wo Tarzan durch die säulenwälder hangelt
Von einer braunen Lorelei
Ans lock- und lämmerseil gelegt —
A: Die Grosse Mutter
Dümpelt das schummerlied:
Sie hat den fuss am wagentritt —
B: *Samt quicken töchterchen:*
Can-can auf katakomben tanzend,
o *Bengalisch bestrahlt und javabraun,*
Mit rauschroten straussensteissen, wedeln den hüftanz,
Der ein mannsglied in der luft
beschwört und salbt —
A: Die Heilige Hochzeit, ein wolkenunterbild
In hünenleibern — wer spiegelt wen? —
Badet in rosastrahlen überhin —

Aus reinem bezirk —
Ein lautloser kammerton
                      der welt
o Aus schweigen, das sich selbst vernimmt
Stimmt seine spieler ein
                      (Hermes
War das, der über die erde ging) — —

o AUSGETEILTES
Ewiges licht
Auf sohl- und fensterbänken..
Ein talgrund voll seelenlampen
Aus glimmlicht
o   in summgeräten
Vertritt ein kerzenrost
                    ohne bild und altar —
Es sei denn der widerschein, ins hangende
Den der eigene aufschein malt —
        o *(Und einen lichterbrauch — am Untersee —*
          Schwimmender kinderlampione
          Der den einzug des osterlichts
          Meerwärts hinausbedeutend
          Strom-unter ging)

o Leuchtrufend
        für ein Israel
                des tags

B: *Jungfraungeburt der amme Rom, mit weissen kerzen*
        In den osterteich gezeugt . .
                      Das rote Pallium
o *Hudert sein sippenfest, ein frischendes freiland*
    Wallfahrtender zauberteppiche
    Am freitisch der zeitenfülle
    Alle staden und himmelswiesen auf und ab — —

A: Der Limbus, Amazonenstrom
    Und Ganges der geburten
    Schwemmt seinen ausstoss an den tag:
                          an die scheite
    Des eigenen leibs gekrallt
o Treiben sie an
    Auf den wogen des bluts, die eines
    Durch das andere weiterrollen
    In mäandern vermehrt —
    An kahle Galápagos-,
o   übervölkerte vogelinseln
    Und recken den hunger aus
    Der flut, die
           über sich selbst
    Zusammenschlägt — —

B: ›Die Mütter sind es‹
    Auf reichlichen stifterbänken, um kindersuhlen
    Voll fegsel und hundekot — arme und arme
    Voll strampeleien und windelgeruch
    Auf rüstig geschürzten knien
                        und fahrige rüttelkörbe
    Aus ruchlack bei fuss, mit wiegenmusik
    Aus der kaschemme . . Schlampige Nornen, am lebensborn
    Gusseiserner phallen, überm verseiften rost
o Haben das schicksal in der hand: ein groschenheft
    Voll rachlust und gruseln — und linker hand
    Nudeln die pasten ein, in ein faulendes milchgebiss — —

      Das durch die brände zöge —
      Brennende büsche,
o   nachstellende feuersäulen
      Aus naphtha- und tränengas . .
      Ein myriadenstimmiger verruf
                        und häherschrei
      Wendet sich an
                 ein erst hervorzugellendes
o   gehör — —

      FEENRINGE, HEXENRINGE —
      Denn das fädicht der luft
                    schlägt aus
      In tafelnde runden,
                    einander querende
o Grünende tische und zirkelschläge —
      Auf dies hinaus: ein fünfblatt, palettenblatt
      Nachbleibender farbenringe, vom viersprung der augen
      Über die lustren, in den eigenen purpurgrund
      Gezogen (gliederkreisende
o Goldene schnitte
                eines
      Erdenklichen, versichtbarten leibs;
      Verlangsamter huschtanz
      Wetteifernder diskusscheiben
o Aus verschlungnen arenen
                        und bronzeschalen
      Driftender kontinente) — —

o Ein springtanz
                von sprinterfüssen
      Rollt durch das scheitellicht
      Den radkranz und zifferkranz
      Aus Zwölf an Zwölf — und rastet ein
o (So dass ein bogenstück
      Vom kammweg der statuen
      Aus unterhainen an den tag gebrückt

A: Sind ausgesperrt,
   Haben das grün, ein karo voll
 o Verzäuntes grün im rücken:
   Der ringwall der stadt
   Ist andersum gebogen, die belagrung vertauscht ..
   Der urwald ist aus schaumstoff und fiberglas —
                              ein freigehege
   Unterm treibdach der glanzhaut wie chitin
 o Voll wimmeleien
                 wie eine schlangenfarm — —

B: UND SCHLÄGT NACH INNEN AUS, DAS WILDE FLEISCH
   Das nicht nach aussen kann: der
                              schuldturm ist
 o Ein speicherndes organ
   In farben des unheils
                 schillernd — und
   Schüttet die gifte aus, angstträumende viren
   Auf wildwuchs durch den leib — krautig vermehrt, wie karfiol ..
 o Flüsse voll abschlamm, die seitenafter
   Aus der rippe des kontinents ..
   Leib Hiobs, aufgeblüht in wunden
   Rosen der haut ..
             Die hüter des weinbergs
 o Tun unter masken dienst, sie schultern ein sprühgerät
   Und breiten die laken aus, grosse
   Tünchende laken, aus chlor und grubenkalk — —

A: Der brandpfeil, ein streifschuss
   Von der sehne Apolls, über die hügelkuppen
   Zündete die wipfel an und flog
   In weiterschlagenden zungen
   Über die scheitel hin ..
B: Ist ohne harz ‚der bogen —
   Stählern besaitet
             die alte rotte

       Erscheint) für eine morgenfeier
o Den dreiklang der siegerstaffeln
       Errichtend (derzeit: ein ehrengedröhn
       In schmetterakkorden.
o Für janitscharenbleche)
                   Hörst du
       Das alte brückenlied heraus? Anders vertont
       Und hinterlegt —
              verschärft
                      aufwärts versetzt
o Durch kreuze, doppelkreuze
       Auf einen zielklang zu —
       Den hochgrat hinterm grat:
              Der orgelpunkt sang ›*Kommet her zu mir*‹
              Zum heilquell der palmenbucht
              ›*Ich will euch erquicken*‹;
      o   und aufgehöht
              Von einem schrillenden
              Diskant des zwischenrufs,
              Der leuchtgeschosse
              Enthüllendes prangerlicht
o In die verneblung trieb,
         Ein lager voll gas-
         Und sterbegeruch;
                    und war
         Selbdritt gesellt:
         Einem aus der belagerung
         Lebender fackeln
         Unlängst von eigener hand
o Gelost und angezündet —
       In ein bakenbrennendes
                    band signale
       Über den drahtverhau
                      und eine mauer hin — —

      Spricht nicht mehr an . .
A: Wahrsingender glockenspeer
    Der sonne, lautend
    Sooft er einschlug . .
B: Das rote tuch
    Von einer lache
    Rauchende klagetuch:
    Es und das eigne lid
    Aus durchschein des mutterleibs, das dich
    In ihn zurückverschlug, war eines . .
o Eine grundsee des rötemeers
    Aus herzschwall der entgegenschlug
    Drang in die augen ein —
    Meeraugen,
              unterirdisch aus dem meer
    Gespeiste seen . .
A: Drinnen vom kind
    Das keinen frageblick vergisst
    In klaffende kiemen
    Des morgenrots: wiedergekannte
    Stigmen, durch die der himmel schlug . .
B: Die schwinge Gabriels
    War abgeformt
            in einer schmeichelwelle
    Aus flehender luft;
    Ein anstrom der rührung
    Von kinderwangen fiel von der aufgehobnen
    Schutzflehenden drosselvene
    Des unterlegenen in den arm . .
A: Dringt nicht mehr ein:
    Vergälltes licht
            in stempelfarben
    Metallisch bedampfter scheiben
    Prallt ab, von den monturen ab . .
    Verschanzte augen, wie heckenschützen
    Durch schweisserbrillen, spiegeln es leichengrün,

WAS MAN BEHÄLT

o Von denen: ein hügelartig

   Sich hinterlagernder

   Aufriss von staffelformen

   Ist an ein deckgewölk

   Purer ergangenheit

   Gepaust .. Derweise

   Läge ein musterbogen der einen

   Erschwinglichen Stadt — in strassen

o Bewohnbarer übernamen in der luft —

                        wer spiegelt wen?

   Der plan ist verbaut:

   Hingerümpelte würfe von augenlosen

   Würfeln, auf gar kein spiel gesetzt —

o Ein geschiebe einander

   Blockierender massen —

                        wer räumt es zurück

   Freiwilliger hand — und fängt es besser an?

   Sphärischer vielklang

o Aufatmender sonderkreise

   Steht auf dem blatt:

   Jedes um sein rondell

   Nach dem eigenen zapfenstreich

                        und minarett

o Geglöckelt — lämmer zu lamm

   Rotwild und marabus

                    je unter sich ..

   Such zu,

        dass du die deinen findest

   Und ›*Ist dir wohl, so bleib*‹ — —

      Ein schrumpfbild deiner selbst zurück — —
B: Ein gläsernes brett
              — dein windschirm und visier —
      Hält das phantom der front, eine spiegelnde drohwand
      Aus anprall dir vor die stirn gebunden:
      Es geht im sturzflug geradeaus
      Immer auf sich, den angstblick der eigenen
                                übergross
      Zerdehnten augen zu . .
A: Gib dich, du voltigierst
      Nicht ohne netz —
      Du bist auf hallenflug
                  noch hinterm mond —
      Versichert,
o   als springendes pünktchen
      In ein milchglas von bildschirm gesperrt;
                          dein lebensfaden
      Ist ein spulband voll auftrag und läuft
      Am misch- und steuerpult
o   für dich . .
      Der halbschlaf,
           Palinurus, ist pilot;
      Ein schleudersitz
      Wippt dich ins netz zurück —
o   wachebenommen
      Im drillhaus
           unter der ätherhaube
      Wirst du geprellt,
           unter die sterne
                    hinaufgeprellt — —

KEHRT AN SEIN HERZ ZURÜCK
    Ein rückfluss aus körperfernen, viele
    Geschiedene adern — die regelung
o Der seile, leibungen aus livreen,
                feldgraue, khaki und marin —
    Hindurch? Ein brustkorb aus gewölberippen
    Wirft rötende zellenscheine
                und pfeilerschatten
o Auf einen heischegang
    In werkeltrachten, grauem habit (es scheint
    Auf schulgang den fliesen nach
    Und durch ein eingelegtes labyrinth,
    Diesen tempel des Unbekannten
    Zu gehn) .. Ein lampeninneres,
o Hintermuldendes grünlicht
                von kübelbäumen
    Um ein chörlein im chor
    In schmiedeeisernen
                spitzen oder rapieren
o Einzeln betretend
    Und vor ein bahrtuch, parament mit weissen
    Rosen und silberlaub ..
    Schuldnermienen, verräterisch
    Unterschlagene augen —
    Drücken sie sich heran
    (Was habt ihr gutzumachen? die vielen
o Schleifen, was decken diese
    Weissen verbände zu?)
    In ein milchfeld,
    Eine oblate
    Der augen, mit dem nachbild
    Eines gesichts, vertieft:
o Geschieht ein zelltausch, atemtausch
    Durch die vergitterungen ..
    Ein rätselsog, in mienen
    Verrätselnder vorenthalt

B: SO HIER WIE DORT:
    Schwarmduseleien
    Durch ein luftmeer
                voll baumelnder rauchgefässe —
    Glocken- und
o   gluckentiere..
    Ischtars Bedienerinnen
    Mänadisch durch die stadt
    Heben die brüste auf und
    Schwängern
          die luft
o Mit sprüh
        aus moschus und hormon..
                  Die drüse,

o Diese eine

        wildzende drüse
    Von jeder hundeschnauze

o   unterm latz

              beschnufft

o Schwelt
      wie ein duschsieb
           unterm dach —

Und einsog, der die lungen presst —
Ein gelübde erpresst:
Um eine unbekannte schuld,
Einen vorwurf von unterbliebenem
o   vertauscht
(Nimm sie auf dich
Und wirf es ab:
o ›Gestockte luft, drei lungen voll
Mit in die gruft‹ um eis-
Und nüchterluft vertauscht . .
Es drängt im rücken nach; einer der geht
Sieht nach dir um
Und hält die tür — ›Der die augen mit mir
In die bahre getaucht hat‹ — sie fällt
Schwer in die hand dir zu . . Ein lautloser flügelschlag
Befördert den durchstrom,
Einen griff, der von dank zu dank
Sich reicht, in ein sich weiterpflichtendes
Band von verbindlichkeiten — —

o GEFÄCHERTE SCHUPPENREIHN AUF LÜCKEN
Gestellter lehnen . . Ein blütenboden
Voll räuspernder seiden
Richtet die bündelung
Der augen, ein argusrad
o Aus geschliffenen gläsern
Und steinesprühn
Auf einen inkreis —
Einen fruchtkorb voll blütenorgane
Und rasenstück
            trubelnder schwingel
o Unter verwirrten bön —
Ein stimmspiel lang
            und wieder abgewunken . .
Bis auf ein zirpen,
            eine zikadenquint
Die aushält und um sich greift in

Und schwefelt

o   die luft

o   mit drohnengas — —

A: Wunderding blüte . . Fühllos verbräunte
   Narbe und feilgesonnt, fallobstgefleckt
   Mit daumenspuren . . Dies stück von wild im blut
   Es gibt nicht ruh: die nüster
   Windet und warnt — keimtötender
o Ruch der ernüchterung
   Wie kalkmilch in der luft . .
   Argus der alte hund
   Schläft auf dem dung
   Und richtet von zeit zu zeit
   Die ohren auf . .
B: Ein raubzug zu zweit, beutepakt unter vampiren:
   Eines des andern federspiel und balg
   Führen den schröpfkopf
                    der griffe —
   Wettheuchelnde folterkünste
   Der unersättlichkeit . .

                Ein hornissen-
                            schwärmendes unison..
                Da wird ein hafenrand
    o   Der seine flotten stellt:
                Eine syrinx aus masten
                Singt an der lippe Pans — spalthufige stelzen
                Die durch die rohre sehn, flankierender orgelreihn;
                Harfengestelle
    o   Drehn ihre segelspannen
                Um ein bootsdeck voll stechender degen
                Und bernsteingeschwader,
                Langsame schwanengespanne
                Vor muschelkähnen
    o   Die aus der schelde ziehn, in cellofarben..
                Vom brückenkorb: ein quellen der luft
                Entbindender fahnenwink
                Ordnet die segel
                Und winde zu und wirft
                Lautmalende mövenschlingen
                (Um eine wunschgestalt
    o   aus vorklang
                                    und flötenrauch
                Die sich entzieht)..
                Eine kielspur
                Sticht in see: ein vorspann pinassen, den katafalk
    o   An bord, unterm tiefflug der kondorschwingen
                Und kielte die steigbahn: flüssiges licht —
                Eine aufwand weisser facetten und silberflöz
                Verschmelzender barren
                An den fluchtpunkt des untergangs
    o   Ein scheintor aus scheibengold..
                                    Ein mauerglühn —
                Brandende rufe
                Aus abhall des widderhorns
                Von einer klagemauer..

      Finger- und bogengeräusch
      Sind aber nicht der ton . .

A: Und haben zugeschaut
      Durch zweige der jahreszeit
      Wunschnah zu gast am rande
      Seliggesprochener felder:
      Dies umeinanderschwenken
o Weisser formen,
      Saumseliges
                  sich aneinanderlegen, nur
      Bis an den flaum der hälse
      Scheinbar verlegene
o   untrügliche
      Signale tauschend,
                  hellhöriger angst
      Sprödeste stufen wiederholend
      Mit einer umsicht, auch
      Nicht einen takt zu übergehn — —

B: NICHT UNTER ZWEIEN NUR:
      Der eine saal
      Aus streben
                  des zurufs und
      Sich findender schalen
o War eingeschwungen
      Bis in den mauerkern
      Entkreidet, abgerüttelt
      Von heiserkeit —
      In das schwingendste korn
o   und lautenblatt
      Geschmeidigt,
                  tonig gesungen
      Durch volk auf volk
      Fühlernder bienenstimmen . .

                    Der ankerwind
Schlägt um die stirn
Sein klagelaub ›*Unsere harfen hingen*
Wir an die weiden, die
Darinnen sind‹ . . Zerschlissene rötespuren:
            Querhimmelein
        o Ruhmredende fahnenzüge;
            Hohlwege voll
            Stampfender thyrsen;
            Raubvogelblicke
                            in kokarden;
            Ein heerbann
        o   standarten über
            Dem rädersturm . .

            In weissen fahnen
                            ein flüster-
            klagender totenlein
            Deckte ein kinderweinen
        o Der erde zu . .
            Jungfräuliche oriflammen
            Über den fackelläufen
            Der kleinsten schar in weiter-
            stabenden abgesängen . .

        o Läutender angelus
                            am speer,
            Richtendes zünglein
                            der waage
        o Rechtend um eine seele fort . .
            In breiten bahnen
            Über ein grubenfeld in schwarze
            Beflorte dielen
            Tunkende scharlachbanner . . (Ein glockenersatz
    o Der karzeit,
        In schnarren und klöppelwerken —
        Mit dem: auf pochgang von tür zu tür)

                Und das
o War auf den ersten schmiss
   (Zischgold- und strassmusik,
   Panschendes schaumweingewiege
   Schmierender griffe, von glitzer-estraden
   An ein klarwerk von mauerrhythmen
   Aus immer härteren blechen und
o Trommelfeuernden kesseln) verkreischt verdröhnt . .
   Ein kettensprengender
   Zyklopentanz hat seine pickelhiebe in die wand
   Genarbt . . Verklumpter stoff:
                schwingender leim
   Der auseinandertrat in kalk und
   Flüchtigste bindemittel, nicht mehr zu mischende, entquellt — —
A: Im kerngehäuse
   Einer geschwanten frucht
   In die gemme des zellkerns geschnitten
   Und weitergesiegelt:
   Ein wappengefüge, zustandegewordenes
   Der art,
o   gereiftestes arkan
               der zucht
   Ist unterm neugierstrahl
   Indem erhellt, zerschellt — —
B: In viel zu losen sand
               geschriebene
   Fährtenzeichen von geist
            — ›*Stör meine kreise nicht*‹ —
   Würfelnde knobelbecher
o Gehn drüberhin
   Im stechschritt oder kosakentanz:
   Die härtesten nüsse

    Pausen behorcht, von hammerschlägen
o An ein gongblech und bronzeflügel
    Geschürft, gerüttelt, angerauht
    Sind ein verhör
               das WEN oder sich befragt;
    Echolotende stiche
o Der totenschau
    In einen schweigegrund
    Gesenkt — —

o Dann noch ein zwiegespräch
    Von wetterschlägen,
               auf jeden hieb
    Der niederfuhr
    Den abschlag erstattend
o Mit einem wehruf aus posaunen
    Schalte ein hügelfeld
    Der schlimmsten gräber auf . .
    Ein nachzuholendes
               sühnespiel
o Leitet den wiedergang
    Der nachgeschmückten stirnen
    An den altar
    Der schädelstätte . .
               Bedenkzeit,
    Nachhall aus grubenrauch
    Tritt in die atemstille:
    Ein nachraum hinterbleibt, eine erweiterte
    Höhle der stirn
o Welche das leid betritt, das dort
    Sich sein asyl,
    Ein sinnesorgan der resonanz
               bereitet — —

    Von kolben und kieferbacken mühelos
o Geknackt..
              Geknickte blüte, zeitlosenblüte
    Im spätjahr
          wo der almtrieb gegangen ist — —

A: WENN ALSO DIES GESCHÄHE:
    Den einen zufall lang
    Ein ungebrochener, schürfender strahl
    Durch die speichen des glücksrads, zehnfache
    Malmende wählerscheiben, aus blenden vorm licht
o Ans ziel gelangte —
            nämlich der Unbestochene
    Klüger als schlangen noch, weil er
    Sich unrein stellte,
          verschlagen bis dort hinauf: wäre —
B: Selber das ziel
    Im gipfel der sichtbarkeit
    Betraut und
          anvertraut
    Der scham, die
o   eine preisgegebene
    Kehlweisse ader
    Verschont; im schnittpunkt
    Der zahllos zielenden läufe
    Wäre das fadenkreuz
    Schon über ihm gestickt —

o   er beinahe selber-
    zündender herd
    Unter zahllos auf sich gezogenen
    Zündelnden gläserblicken — —

o Ein einzelnes
   Versunkenes gehör
   Über den starren rumpf
   Am krummholz und sprossenbaum
   Stimmhaft gewrungener
o Sehnen
            geneigt —

   Zwei rücken,

o   einander zugekrümmte

   Mulden
            des widerhalls
   Im zwiegespräch
                eines am anderen
o Zu schwingungen
                verstärkt . .
   Wund- und geweideschau
   Des siebenten sinns,
                nach einem vesperbild

o Über den spalt,
   Ein schalloch der erde,
                    gebeugt — —

<table>
<tr><th>A:</th><th>B:</th></tr>
</table>

Die brücke heisst nach ihm —	
o	Ein hingestreckter rumpf
Darüberhin	
	Im starrkrampf der wunde
Ein treiben ohne wort	
	Rüttelt den boden durch ..
o Das in die speicher klaubt ..	
	Von den stössen geschürt
Nur in verriegelungen	
	Ein magmaströmen
Ein fussmarsch von minderbrüdern	
	Im untergrund
o Lebender osterbrände	
	Eine errötende aura
Der herzglut	
	Aus strahlendem staub errichtend
In zwölferreihen	
	Wendete nach und nach
o Den aufbruch ohne wehren	
	Die pole um und trüge
Sich selber — hagere sehnen	
	Den wärmeschub
Mienen von anderem schnitt —	
	In schlangenbahnen
o Über den kontinent	
	Durch das verkühlte haus — —
Vermachend — —	

      Es in vergrösserung
o Den lichthof aus lebenden

      Zur brunnenkaue überm schacht
      Abwärts verlängernd: ein Neunter Chor,
      Halb Eumeniden-
o   chor, vestalisch aufgestellt und weisser
      Begharden
      Der sich aus
             ruf und widerruf
      Bestreitet,
             heerschar und gegenschar

o Die um die seele fechten
   Manteln
          den luftschacht
   Über der schüre
   Einen rauchfang
   Von stimmen:
             ›*Zähren —*
             Und götterfunken
             Aus dem Elysium —
         o *Oder Gethsemane —*
             Dies ist mein leib —
             Dein heiligtum —
             Bin ichs —
             In dem der Unbekannte thront —
             Der seine hand
             Mit in die schüssel taucht —
             Und fand sie schlafend, ausgesöhnt —
             Ein himmelreich —
             Die ganze welt‹

<table>
<tr><td>

B:

o INHABERIN DER BÄDER UND FLIMMER-
spiele, alles ver-
schleiernde Herrin, ver-
treiberin der nöte, dein leucht-
zeichen auf weisser leinwand aus
dunst bezeugt deine allmacht —
o mädchen der alles enthüllenden
hüllen, durch die dein himmel, eine wildnis aus
haaren erscheint deine seele schon nicht mehr
weib, vielmehr idol, nachtschattendes
mit allen zaubern
in dich getreten — —

</td><td>

A:

MADONNA DER LIEBES-
suchenden, grosse ent-
führerin aus blindheit und zwängen, du ab-
schirm der hölle und stern der durch die wasser
lenkt an deinen port und schooss —
du freuden-
rose des paradieses ohne
dornen und scham-
errötendes kerzen- und lüster-
licht, welches
der schlange
hat obgesiegt — —

</td></tr>
</table>

A: Fronleichnam: standarten des abendlands
    Talare und brokatener pomp aus den museen
    Durch opernwände, kremgelb und pompejanisch-rot
    Vorübergeprunkt — stummes geschlurf
    Unter dem rieseldom aus schall
    Und schaugerüsten, mundtot behallt
    Mit talmichören, gespeicherten chorälen
    Und aus dem hinterhalt gerichteten
    Posaunen ohne mund — —
B: Die vorstreu der gottheit
    Ist eine alpakka-glitzernde
    Schleppe aus trödlergassen . .
    Der ehrenprunk gilt ihnen selbst: sie werden gepalmt
    Mit christgirlanden,
    Von beidenthalb bekniet
    (Das allerheiligste, in ihren hosentaschen:
    Wundertätige kleine oblaten
    Aus klimpermetall und schmutzigem papier) — —
A: Wallfahrernipp —

Leibhaft belehntes
Werk über werk,

       ein standlied

o Schreitender nänien —
  Strophisch von gruft zu gruft
  Ein Pantheon
  Steinerner martern und matrikeln durch —

  Untergeht die totenprobe,
o Hüben und drüben — eines das andere
  Vor seine barre rufend . .
  Hof neben hof, ein immertagendes
  Verteiltes tribunal
  Um ein weistum auf leuchterpulten:
  Die aulen der erde,
o Eine abendzone von wandlung
  In erleuchteten fensterreihen — ein jeweils umstandener
  Schwingraum aus durchsilberter luft . .

  Leuchten die aschen auf — nach langer wanderung
  Durch den verfemten grund (schindangergrund —
o Ein gräberwind
  Voll ungefasster strahlender aschen
  Von Konstanz Nola Sils)?

  Sie üben
       ein reurecht,
              vorgericht
  Des immerjüngsten tags,

    Talismane aus leichtguss und groschendrucke —
    Steht zur verehrung feil:
    Ein käuflicher abgott
    Ist auf den lingam und heldenwulst gebracht (er
    Passt in die gesenke, alte
    Nuten der netzhaut) und ausgemünzt — —

B: Die gängelbahn
    Geht an das himmelstor
    Auf breitwand und transparent:
    Sie schieben den tarnschild vor sich her

    Mit dem andern medusenblick darauf: er
o Blendet den taumelkelch aller sinne,
    Einen greifling der augen — trog- oder hüftenrand —
    In die tagträume ein ..
    Ein trampelnder thiasos

o   zieht in das netz

    Am leitstrahl
             des luderlichts
o Aus den beleuchterspalten ..

                Ein drahtziehn
    Eilfertiger wechseldaumen und
    Agierender spielerhände
    Schattet sich auf die seitenwand — —

                              wo es
         Zu widerrufen —
                              wiederzurufen
                                            gibt;
         Sie betten die Toten um:
                    o *Es liegt*
                       Ein knochenmann
                       Aus tiergebeinen
                       Spruchreif
                       In chrisam und rubinen
                    o *Im schaugefäss*

                       Unterm gefälschten rock

                       Der feilscher)

                              und dergestalt
         o Blättern das perikopenbuch

                                   der stücke

         o Durch die proszenien,
                                   je dort
              Für einen abtrag und
                                   ein bewähren —
              Eines vorm anderen —
                                   auf dem plan ··

A: Ist Petri heil
   >*Macht die erde euch untertan*<
   Von den piratentürmen
   Einander zugeblasen —
   Gedacht und wahrgemacht:
o   am hanseatentisch
   In lederduftenden kontoren, auf hoher jagd —
   Leuchtet die treibergasse
                       in einer meereskarte
   Mit roten lämpchen auf;
o Ein fiepen von überschall

   Mimt einen liebeslaut
   Und kirrt einen brautschwarm an
   Das mutterschiff: lebendes öl,
                       geradenwegs
   An bord gepumpt, ohne die spur von schleim
   An einer hand — —

B: Tümmler und wunderkind
   Der wellen, geschwisterliches, das
   Auf einen zuruf, hilferuf
   Der leier ankam ..
   Anstelliger dichtertölpel, du

o Bist überlistet vorgespannt:
                       ihr suchgerät
   Am sendeseil auf einen ungehobenen
   Und letzten schatz
   Ist an deinen spürsinn gezapft — —

    Tagstrahlig um das jahr gekelcht
    Mit graden der sonne
                    umlaufend hinterirdisch:
    Wechselnde hebebühnen
    Reihn den kalenderfries
o Und bieten die häuser und
                    trigone an;
    Ein vorrat abgespieltes
    (Bessere rollenböden
                  in steigender reling
o Voll hängestücke und kostüm
    Zuhanden
          spielbereit
                  herabzulassen)

o Deutet die kopfuhr
                der menschheit an,
    Ein rückendes läutwerk
    Schrittmachender spannen —
                lotrecht
                      zeitinbegriffnes
    Turminnere
        und tambur
o   aus blendportalen
    Mit schelfen voll statuen
    Um den rückblick gehaubt
        (Die Rose der Rosen ist
        Ein durchwachsener aufblick
        Nachbleibender sonnenscheiben
        Und verschmelzender häupter
        Mit geschulterten diskusscheiben
          o   oder medaillen —
        Lebende engelsbrücken
        Einsgewordener spieler oder

A: DER HIMMEL IST
    Aus rissen,
              ist
    Ein drahtloser luftverhau
    Wie gesprungenes sicherglas..
o Ein neuer dom ist über werk- und bahngeländen in
    Die luft skizziert
               aus oberdrähten..
                       Die Stadt
    Ist ein hotel
o Mit spitzelwänden: ein gläsernes insekt
    Nistet in den tapeten
    Und linst mit rot- und dunkellicht hindurch..
    Trau du dem haar auf deiner schulter nicht:
    Es ist ein sendedraht aus der harpune des spions — —

B: Schlägt aber um,
              dies viel-zu-viel von stimmen:
    Lagernde wasserstille
    Aus wellenhoch und -tief
    Sprachlos gelöscht
    Singt einen inton meeres-
    glitzernder frequenzen
    Im ohr —
A: das sich zu helfen weiss:
    Der Falkner drinnen
    Senkt dir die haube über —
    Eine mit kinderaugen
    Staunt auf
           aus dem asyl
    Im überschwiegenen lärm — —

B: Das was, so nach wie vor, so wie
    Ein halsgeschmeide, eine bestecherin
                    bestach und weil

                    Posaunenreihen —
              Sich verlierende säulenwände
         o Weisser antiken
                              in immer fernre geländerzeilen)
          Ein schreitender narthex
          In abendkleidern
          Mit unsichtbaren krügen auf dem kopf
          Löst seine reigen auf —
          Ungeschriebne gedichte —
          Schaun sie zurück und
       o Treten aus der erinnerung — —

          Ein sabbatrinnen
          Summendes ohm
          In geladenen volten
       o Fällt aus dem kuppelkreis
          In den bering:
          Webender leumund
          Der welt — neujahrsgeläut
          Vereinigter symphonien
          Und liturgieen — —

       o
                         Hier ist
          Ein sich ergänzendes
          Gehör, ein
                    alle farben

          Bergendes — jede sobald
       o Ein trennspalt von ohrenmerk
          In den empfang
          Ein einzelnes signal verschärft
          Zum vollklang aus sich selbst,
          Den widerton
                    zum ton
       o Und ablaut
                    der dem laut

Es ihre hände lieh

o In streichelein dem, der
      sich finden liess

Um das kinn und die wangen ging — und Ihr
Der Wunschtraumgeborenen
Wunschträumerin um jeden preis
Zu füssen gelegt —

o   sicher wie keines
(Weil denn von raub zu raub)
Vererbt und überlebend —
Für diesmal ausgesponnen
In künstlichst verzweigter trense
o Ein zugseil und flüsterseil
      der sinne
An dem die koppel hängt:
Funkt und verfängt
Griffnah wie nicht zuvor — —

A: Der blieb nicht aus:
Ein frassbild, sich unterher verklüftendes
Geschleif wuchs immer mit und
Irgendwo von dort, liess eine faust
Die drähte sprühn
Und riss sobald, für einen wahlgang
      aus der haft
o Einer kanzlei
   in kasematten
Der eine scheitel
Über der menge stand
Das fangnetz aus oberdraht
Auf ihn herab .. Ein zielender augenkniff
o Aus dem miet- und sbirrengesicht
Der häusermienen, der mitlief einer

Die waage hält,
Hallendes labyrinth am werk:
>*Denn du —*
Apollo lehnt —
o *Bist bruder auch —*
geheim —
Des Eviers — an Baldur —
Lust und pein —
Vergib — sei uns, den zwillingen
Unsere schuld —
o *gemein —*
Verzeihn ist greuel —
cet ennui —
Der feuerkelch —
des feux vils —
Mit geist gefüllt —
Denn du bist staub —
Bis auf den rand< — —

o Ausgeleuchtete
Fronten der seele —
Ins treffen geführte
Manipeln, metopenreihen,
Vom denkstrahl bemüssigte, jedes
Mit seinem widerpart gepaart
Die szenerie betretend —
o Tragen die fehden aus,
Ein kampfspiel von dissonanzen
in bietergefechten
Hassliebender seelenpaare:

o Doppelhermen
Janusgestaltige
Rücken an rücken
Eines des anderen
widerhalt
Und deckender hintermann —

    Dem andern zugezwinkt: schoss einen blendstrahl
    Aus den spielenden fensterspiegeln — alle dann
    Aschgrau ununterscheidbar wie zuvor — —

B: *Der schädel kreist*
               Von mund zu mund, mitschuldverschweisst
               ›Willst du mein bruder sein
               Wirf deinen stein‹
    Das feld
             ist ährengleich
o Geschlichtet..
    Jedem der hinsah dort wo der sturz
    Die lücke riss,
              blieb eingebrannt
    Der blinde fleck zurück —

                    ein Kainsmal

o Hinter der stirn —
                da schiesst es ein:
    Ein dunkelfeld
    Ringender formen
    Schwemmt rote schäume ab und
    Nüchtert den abgehellten grund hervor — —

A: Säuren des fehlvergornen
    Aus zahllos überschwemmten zellen
    Eines verstörten leibs, der zysten trieb,
    Schütten den nachtschweiss, nachtmahrende fieber aus..

B: Schlag über kalten schlag
    Aus wettergallen.. Was
    Tank neben tank
    Voll öliger laven, meiler
    An kerngold und letalem metall,
    Die tresore der böden füllt —

Karyatidenpaare
Am ehemals
Umstrittenen vortritt
Vom gleichen sturz
Gefasst und einvernommen:

o Rose und
   gelber, der warn- und
   drohstern der
   aufstand und seine
   rötenden fahnen in aller
   hinterste höfe und
o mänadischer brand geworden
   lichtlose ufer
   erhellte, von eigener hand
   gereinigt, selber nur mehr gestählt
   durch die eggen der kerkerfenster
o und ungefällt
   noch unterm kolbenhieb
   an einen frühlingshügel
   strömender brand zu sein
   getrieben, denn ›ungezählt
o *entfliesst dir well' auf welle*
   wie sie der himmel wogt

   Nachtigall
   weckruf gewordene
   tagträumerin, die einen
   schimmer von morgen-
   frühe durch
   die spitäler trug, sobald
   an ein schwarzes meer
   verschlagen, den faulschlamm der seuchen
   verwandelnd, ihr schatten
   von brechenden mündern
   geküsst vorüberglitt —
   denn eigentlich
   war es ein frühlingslied
   gemeint
   auf beider lippen
   rötende flut
   was ist so tief
   im purpurnen gewühle‹

o Was hinterblieb —
   Zeitauf raumein, in sich hinein
   Von der fährtenden lesespur
   Die flechten des bienenkorbs hinan
   Der nur aus dieser lunte wurde: ein kelchvoll
o Tschilpender sonnentierchen und hintersonntes
   Lüfteflimmern tanzender phosphen
   Und gesichte,
             nachhängend um den blick geraumt ..

    Pandoras vulkanische drusen
    Voll schwarmbereiten irisierenden staubs
    Quecksilbrig mehr und mehr
                      zusammengeflossen
    Zum erstandenen hort: ein drachengold
    Im rundling des welteneis
o   Voll brütender phoenixasche — ist es
    Die nagetickende totenuhr
    Aus strahlendem schwund
                    der zeit — —

A: OB FLUCHGOLD, SEGENGOLD:
   ›Schiebt sich der gelbe drachenbauch
                     darüberhin?‹

B: Der eben war (hort wider hort:
   Ein versmaass unverrücklicher silben
   Vom plektron des zepterschlags
   In strudelmalen der luft getunkt
   Und herbstlaub über mondterrassen, das
o Die schwelle feit, getuscht)
   Zum hegering
             yogisch verknotet
   Gegen sich selbst, kopf wider schweif geschürzt — —

A: Auf geht's:
        ins nachthaus Saturns —
   Der frühlingspunkt marschiert.. Der Wassermann
   Vom gelben fluss wendet den krug und giesst
   Die grosse flut
o   mit zappelnden leibern aus:
   Er ebnet die gipfel ein
   Um die sohle des sands zu heben — —

Und also denn gleichwohl:
Kleinkleiner fingerhut hornleicht, däumling auf deinem daumen
Auf oder ab gewippt — aus der cäsarenloge
(Wenn nur das nicht die angel war
Und du, am eingehakten daum, hast dich um sie gedreht) — —

o AUF BRAUTFAHRT, DOGENFAHRT
   Schulschiff ›Die Erde‹, feuerschiff
   Mit hellen fensterborden
   Die linie befahrend, pendelt ein tragejoch
   Von hemisphären:
               linker hand das kreuz,
o Zur rechten die wagenfahrt der sieben Weisen —
   Über der seil- und tänzerstange
   Des horizonts . .
   Die stunden überrundend, einen geschenkten
   Tag am ziel,
   Den niemandstag
o Der eingeholten sonne —
               und feiert rast:
   Dreht seine bauten,
   Eine sich weiter-
           schlingende fuge
   Aus kurven und segelrissen, ins unbeschriebene
   Des hesperidenwinds . .
o Siebente rast
       der widertaufe:
   Da um ein kleines meer
               im meer
   Im spannseil der lampione,
o Hechel- und spötterkreis der gasten
   Findet
       ein fangspiel,
   Delphinisches wasserturnier
   Von sprüngen
o   statt —
   Ein dreiholz und gabelkreuz

Denk dir ein turnerfeld, in reih und glied gedröhnt
Horizonteweit, ein automatenfeld voll spieler von Einem
Hebel bewegt — das pyramiden, aus den eigenen leibern, baut —
B: Ein Marsfeld, aus Siebenhügeln Golgatha und Akropolis
         Planiert: aufgeprotzte idole, mit stählernen schlünden
            Empfangen die räderweihe — weisse mädchen streuen die blumen vor.
A: Die eiserne drachensaat zieht im triumph durch kerkerstrassen
   Voll besiegter rebellen .. Firmlinge ›Seid ihr bereit?‹ vor hohepriesterlichen
   Tribünen ›Ja das geloben wir‹ erlegen das glück — einen halbpart von zins.
B: Sie beräuchern die bildkolosse, symmetrische korsen voll, mit weihrauch
         Aus pulverdampf und heroin: schnauzbart und patriarchenbart
         Und ein mondgesicht, mit der warze des Erleuchteten — am kinn.
A: Ein tross vom morgenland folgt seinem stern ›Siehst du den hut,
   Schläger- und maschinistenhut, dort auf der fahnenstange?‹
   Zur kantine des abendlands und lärmt mit kochgeschirren —
B: Stern Goliaths, marsrot in kupfer und rubin auf wach-
         Und zwiebeltürmen ›Leucht' uns der morgenstern‹ der liebe
         Blutiger völkerstern ›Und wollt ihr nicht unsere brüder sein ..‹
A: Gefundener stein der weisen — er ist aus kanonenmetall, heisst glocken-
   Und kronenmetall .. Ein silbernes totenmahl ist auf den maklertischen
   Gerichtet: ein scherbengericht schlägt mit dem hammer zu.
B: Zu werk- und pflügersprüchen, im stehkreis fanalgeröteter
         Stirnen, die durch die flammen springen (brennende bücher
         Sind das — in schliessen, mit adern genäht, purpurner schrift) — —

A: BLAUER PLANET, NOCH EINMAL AUFGEBLÜHT, DIESMAL
   In himbeerfarben: grossmutter Erde, wangenrot geschminkt
   Mit augenschatten, holt die versetzten flitterwochen nach ..
   Dies alte unkenmoor — wer hat es gedacht —
   Mit eitel rosamatten, rötelbepuderten tennen
o Ist in ein tennisland dräniert:
   Geführiger sahneschnee aus den retorten durch immergrüne
   Kulissen- und märchenwälder geht in die golf- und murmelbahnen
   Und wedeleien über, auf den sonnebadenden meeresbusen ..
   Du bist in Liliput: es gleitet sich angenehm
o Durch karawanserein mit schweizerdörfchen oder
   Fernöstlichen mimosenhainen

In rahen über sich
  (Und noch ein bocksgehörn fällt auf,

o Steht schwanz- und ruderflossig überm heck:

   Der hahnrei
                des Geistes
                              hat seine stirn
   Von dem gefegt) . .
                  Der Nöck
   Der aus dem wasser singt,

 o   tauft euch
   Einen milchschorf
                  von mit der flaschenmilch
   Euch unterschobenen
                        gelübden
 o
   Vom ganzen leib . .

 o Reihum
            gebräutelt
                       in das zauberfass geduckt:

   Brausender wasserdruck
   Am trommelfell — ein reissender strudelschacht
   Aus immer zäherem
   Raumfluss wie teer zuletzt
   Aus eingedickter zeit — ein einziger
   In eine ewigkeit
                  gedehnter knall — —
                              War das

Um schaukeln und marketenderbuden bei rehlein
Und wichtelmännchen unterm pilz. Gähnende löwen wedeln
Auf echten wüstenkiesen
o   vor deinem wagenschlag ..
›*Wir haben das glück erfunden*‹ — auch du
Bist in Arkadien — einmal Nabob
Und letzter stammesheld zu sein, im burnus und federschmuck
Gimpel- und papageienbunt
o An lagerfeuern, infra- und immerrot erwärmt —
Jüngelnde lebegreise
Bei lotos und mandelmilch, die wasser treten
In den flamingoteichen .. Erdüberall
Kannst du sie puddeln sehn —
o Ein sandbad für sich und eine kindersuhle:
Krau zu —
        sie gurrt
             ›*Was willst du mehr*‹
Die augen zu —
o Solang du kraust
Ist sie dir — und: hast du es — gut ..
                        Es litaneit
Ein wenig daneben, auf schlaf- und liegewiesen
Zu klampfen in moll und wasserpfeifen:
o Fakirische mähnen, Undinen
In saris und kimonos blümen die zäune an,
Mennig und chinagelb .. Du hast am halm
Der Königin der nacht
             gesogen —

   Und hat bis ›Drei‹ gezählt und ›Zwei‹
o Es scheint auf ›Eins‹ der böllerschuss
  ›Und los‹ zu gehn:
       ein zielender zeigefinger
  In den blick der bläue
  Vor der quirlenden kielspur
  Aus ozon und schwefel — ein hechtsprung
  Über die reling der erde — —

o ›ADAM WIE DU ES HEISST, DAS SOLL ES SEIN‹

  Ein lumen von überschuss, das von
    Der abgeriebnen überladenen kugel schnellt —
  Eine nadel, die vom kompass sprang
    Und den pol am himmel sucht (auf dem harpunenflug
    Nach einem ringelpunkt von weissem wal) —
o Die alte Argo, das erste und letzte schiff
    Zur letzten fahrt, nach dem verlorenen vlies
    An ihren ruheplatz, um da
    Ein wintergestirn, sei's unterm horizont zu sein —
  Arche vielleicht, bergende kapselfrucht
    Voll saatgut des erdenbaums
    (Sämiges erbgut, impfstoff und erdenstoff)
    Im erbsprung auf inselstegen
    Von ernten und kolonien, sich weiterbestäubend —
o Und brandpfahl, auf ein zyklopenauge
    Geschärft, das anblickt polypenschwarz
    Mitten aus dem taifun
    (Wenn nur der mistelpfeil in das weisse des himmels nicht
    Eine milchbahn seraphischer körperchen
    Mit viren aus gegenblut vergiftend) —
  Dies schreibende weberschiff
o   Das umläuft
    Und ein wurfnetz von himmelskarte
    Über die innenwand des punkts
    Entwirft, das die riesenkugel

o Es glimmt ein schwindelkorn darin
Das auf die reise nimmt — es geht
Den lämmerwolken nach,
Farben wie javarauch, rosé und inkarnat — ein
Ringelrauchender brautflug,
Flirtender flugschwarm
      von seifenblasen

Die sich begatten in der luft
o In grossen lila- und rosabrillen
        zerdehnt und schöngefärbt . .
Elysium,
  Café Persephone — in der Nirvana-bar
Ist ein serail ephebinnen — Krishna Antinous
Mit phrynenhaaren und amazonenbrust — —

A: OB DAS DIE WIEDERKEHR, WER WEISS, AUS DEM AGAVENLAND —
B: Ein tropischer saal geht hoch: ein narrengericht hebt auf
  Den pfauenthron
  Und trommelt den Primas aus
  In prinzenblau und stritzelgelb,
  Sohn von mulattin und halbmongole,
  Ein rauschgift an rotwelscher haut,
  Der aus der bütte ranzt und rört —

A: Des Heilands und Kupplergotts aus dem versengten schenkel ist?
B: Er funkelt durch einen muskelmann
  Und liefert ein schauturnier
  Faunischer brauerburschen
  Das auf dem laufsteg spannt
  Und leiber baut —

A: Mit anderem sauser und anderem rattenpfiff
B: Auf wahlfahrt durch wildwest: reitend auf einer eselin
  Durch papierene palmen; sein name
  Prangt auf den kinderranzen, busen- und feigenschurz:

        Von innen umfängt,
        In seine maschen fängt —
o In eine flaschenpost — an WEN — verbrieft:
        Ein testament — und logbuch der rechenschaft
        Einer nicht angelangten fahrt, um angedenken . .
        Ein gipfelbuch im knauf, voll eintrag, rekorde —
        Fehde-, beschwerdebrief an Unbekannt —
        Verziffertes weissbuch, das jedes aschenkorn
o   Der herzglut, tränen und ruhm der dinge
        In seine übernamen (oder zäsuren) nahm —
Auf den altar gelegt:
        Einen schwebenden brennpunkt
        Aus versammelten strahlen
        Der die raste vertritt
        Aus nicht-mehr-selber-suchen
        Sondern es an sich — seiner
o   Sich anzunehmen . .
        So hat es statt,
        Ruhe- und altarstatt, gefunden —
Wegweiser, die arme umgesteckt,
        Durch die nabe hindurchgestossen:
        Wendet der leib Sebastians
o   Die pfeile in strahlen um —
        Und schlägt ein kernschwarz
        Aus verdichtetem schein
                und schweretod
        Das auge auf —
                jemandes schlaf
o   Aus schwarzem diamant
        Der durch die feuer spielt,
                einen umschlag
        Aus schwärzestem schwarzlot
        Und weissglut
                ineinander um? — —

        Oder vom räderschiff der limousine lächelnd
        Sät er sein bild auf fahnen für sich selber aus —
A: Auf strom- und stifterfahrt —
B: Er reist mit neuen räuschen
        Und schärft die tänze an
        Von jahr zu jahr;
        Er trommelt vom Isarflooss
        Und aus dem heidekrug;
o   Aus allen torkelkellern rammelt und putscht
        Sein sprengruf in den dschungelwald der seelen ..
        Es schwoft ein bildersturm durch die museen:
        Ein schützenfest auf die sockel und bilderwände
        Und rempelndes fussballspiel
        Mit alten hüten
        Am täglichen karneval —

A: Anfangs nur so aus übermut, auf einen puttensockel —
B: Zur rauschzeit aufgestellt:
        Sein altarblatt ist eine lunkenwand
        Mit phallen und fetisch
        Ein ritzbild in teer und bewurf
        (Sag ekelkur, blutegelkur) —
o   SIE ist mit hundert fingermalen
        Aus tierblut und braunem kram
        Auf das plakat geschmiert — zur sektenmusik
        Mit malaiischen rasseln
        Jodelt ein halbtier-
                      und rachenlaut und untermalt
o   Was da im kreis geschieht,
        Einer schüre der wandlung
        Aus lullrauch und näselgesang:
            Sie wandeln das fleisch
            In süsses brot — gespritztes blut
            In schaum- und tafelwein — —

                                              Wer da
o Schlägt
               unterwasseraugen auf

                              und zu?

o ›*ADAM*

              WO BIST DU —

o   *GILGAMESCH —*
                                 ULYSS?

o *Urhans ist tot —*
   Du sollst nach hause kommen‹
   Triefender täufling
               aus dem zauberteich gefischt:
   Der Nöck klopft mit dem zapfen an

o ›Hast deine stippfahrt
   Klug gedreht — der lichtstrahl hat
   Geschoben, den zeiger an-
                      gehalten —

   Bist tausend jahr zurück
   Und tausend jahr
               voraus

A: MÄUSELNDER FLÖTENSOG
    An fegestätten — ein drehfeld
    Magnetischer witterung
    Steht überm sammelrost
o Und kehrt die luft ..
    Schweigende tobelwände
    Stehn hinterm abgeriesel auf —
                      indem
    Zeitüber, linker hand, im Böhmerwald
o Verwildernd
            oder Tessin
    Der höchsten hütten
                ohne den hirt
    Pfade von beeren ungeerntet
    Sich überblühn, wo dir kein menschenfuss
    Zuwider käme .. Geschäftige pusteln
o Unterm asphalt, nachzehrende blumen
                      der unterwelt
    Am hellen tage schlagen
    Auf den verlassenen banketten aus — —

B: Leg deine lupe an — die luft
    Ist eine sommerwiese:
    Über bäuschen aus licht
    Sich wiegende nimben
    Aus seitlich besonntem wollgras
    Heben die linsenschnitte,
    Lichtkegel von vergrösserungen — jeder
    Ist ein fussender fallschirm
o Aus jemandes flugrevier der augen .. Wegelagernde
    Einsiedeleien einander überschneidender
    Domänen des umblicks
    Überm brennpunkt der wachsamkeit geschwungen
    Richten die trichter auf,
    In die schwindung der sanduhr geheimste
    Klafter der eingetauschten zeit — —

      geflogen —
 Bist weit herumgekommen —
         dein kopf

War tief
   ins fass gedippt,
o Hast hinterm mond
 Geblödelt, alle haben gelacht —
 Die drüben auch‹ — —
 Heilfroh zurück:
      Zuchtmeisterin Sonnenuhr
 Droht mit dem stock — .
o

 Häute dich, kapselwurm, nimm deinen schnorchel ab,

           pack aus

 Dein hasenbrot,
    sag was du sahst:
 ›Der sockel sank, ein ballast vom ballon
o Mir von den füssen ab und blieb
 Ein schwimmendes schaukelbrett zurück; ich war
 Der glockenschwinger
       auf einem schwebebalken
 Ohne gestühl: ein läutender kraterrand
o Mit wetterscharten
 Schwang unterhalb
      und wieder über mir;
 Weiter hinaus, war es ein bohrerkranz
 Härtester zinnen, der zyklen schrob:
 Der inkreis der menhire
 Unterster Toten
o   in gestalt
 Der minerale, durch einen meerestausch
 Gewälzt .. Dann wo die sanduhr
       stehn blieb und
 Erst korn für korn

A: Zur Maia, noch
                    zwei seitenwege
            Vom wege abgebogen
            Bei der zypresse halt — man denkt
            Es geht nicht weiter dort
            Dicht vor dem sturz
         o Da ist das schiefe tor versteckt
            Das klemmt, den rosendorn
            Musst du beiseite biegen —
            Zum haus der sonnenuhr
            Die keinen zeiger hat . . Gerolltes laub
                            der schwelle
         o Duftete ungefegt — wo sich das rebenzeug
            Vom dach der siebenschläfer
            In alle läden zwängt — da unterm pfirsich- und
            Limonenzweig der ungeimpften frucht
            Entrusst entmüdet rein-
                        geschlemmt — —

B: Rufnah
         der nächste, denn du bist
   Durch weitersagen
              hingelangt:
   Ein hüttenfest, über getrennte rasten
 o Talweiter fortgepflanzt, lag in der sommerluft —
   Verschwiegener erntedank
   Um den versprengten tisch,
   Der nur in einer feierschicht

   Zusammentrat,
              aus umeinanderwissen —
A: Aus nachsehn, verschweigen:
   In heikler versöhnung
   Am letzten, geschmeidigten faden
   Über trennendste wege und
   Wunden von nichtverstehn

                    andersherum
    o Zu rieseln begann
                        und herrenlose
        Weiser zu wählen (der eine pol
        War zum umfang zerdehnt
        Zu grüssender Mekka, soviele
        Es winkelsekunden gab)

        Und klein zu kleiner: eine mondene blesse
    o Über der apisstirn
        Der nacht und schlingernde kindermurmel
        Aus der spielenden hand
                        des Äons —
        Weltauge, hellsagender wasseropal
        In den die andern, andere sterne sehn,
        In gasblauer kalme schwimmend..
    o Härener bezoar — und gallenstein
        Der welt —
                    ein fluglos der steinigung
        In rinden genarbt.. Und umso mehr
        Allmorgenlicher
                    Waise
                        im stirnreif
    o Um einen ›*Berg des Lichts*‹ —
        Der ein geschick
        Von diamanten lebt:

                Der das auge der Göttin
                Aus dem basaltenen tempel war —
                Von einem fremdenlegionär
            o Herausgeklaubt —
                        im würfelspiel
                Verloren,
                        aber
                Sicher wie keines
                Verwahrt
                        (weil denn

                        einander
o Eben noch in der sicht —
   Schwierige felder der reizbarkeit (wie ein schild am tor
   ›*Stör meine kreise nicht*‹)
   Um sich gesträubt und nur so nahe
   Und näher nicht gerückt,
                      um unverwirrt
   Sich anzuschliessen — —

B: Ein schweigsames buch
     War der kreisende becherrand und
     Hielt an der tafel eine hütte
                    ohne dom
                            vereint —
   Minne der erde trinkend ..
   Dann trat auch das zurück
o In ein zu vielt gelebt
               verkörpertes
   Grösseres Buch —
               brahmanisch verwaltet
   In tagediensten —
   Und fortverleibt: in der nervenschrift
   Leibhaft gezogner gefässe — —
A: Vedisch entrückt — der ganze Siebenberg — nur mehr
   Von einer brief- und versspur dann oder dann
   Haarrauch- und silberstrichig
                       in den rückblick nachgezogen
   (Vielleicht
          unterm geschiebedruck
                      von allen seiten
o Erst nur zu weit gehoben,
               dann ausser sicht) — —
      Träumerin Erde
        Hat sich im schlaf bewegt —
        Gibt andere träume danach ..
   Tarnzeit — lösch' mit der neige aus
   Das sabbatlicht — —

                        Von raub zu raub)
                                    und so
                        Mit flittern und klippergold
                        Einer blonden Mulattin

o   Zu füssen gelegt —

o   zur Rose
                                        umgeschliffen —

        Alsbald

o   am dolchgriff

o   Und zarenzepter
        Das rubinene blut
                    zu beschönigen —
        In vitrinen bestaunt —
        So unterm hammerschlag
        Verramscht — durch einen schwarzen markt
        Von eckenstehern
        Und schmutzigen wechseldaumen unterwegs -

B: Das ungemauerte kastell
    Bezieht den wüstenrand (kriechender sand,
    Fremdsprachiges lüfteschrillen voll
    Irrlichternder spiegelungen) —
    Eine ringfront von inselposten
    Die von innen belagert
    Ufert ein infeld
    Aus reinem bezirk — reine geschiedenheit
    Der fronten — die eigene ächtung
    Um dies asyl ertrotzt . .
o Dein zweiter leib —
    Ein rückhalt von aussenseele
                    und wurzelleib
    Angeschlossener sinne
    Die für dich sehn — zusamt
o Das sonnengeflecht
    Durch diesen erdklooss und koloss — —

A: STURM FREI, RING FREI UND FEUER FREI —
    Es gibt zu tun: die selberbenannten
    Entweser der welt
    Sind auf der pirsch;
    Eine treibjagd mit leuchtgeschossen,
    Verteiltes werferlicht
o Mit zahllos verzeigenden zeigefingern
    Das in die zangen nimmt
    Schärft ziel um ziel hervor
    (Wir spielen schlossbeleuchten: hüben wie drüben
    Die alten klagemauern — ob roter Vatikan,
o Schwärzeste zaren- und
    Tartarenburg — pentagonal
    Bewehrtes kartell und Kapitol) immer
    Derselbe steinerne zackenstern
    Und sporn im fleisch — —

             Allmählich erblindend .. Aber
             Je mehr: du selber
          o Sehend geblendet ..
     Je weiter fort, trat es hervor
     Dies kleinod
                 unterm geröll —

     o ›L'aiuola che ci fa tanto feroci‹

     o Im meergries und lichterschutt
        Der niemandssterne ..
        Wo es zur ruhe kam — ich sah
        Ein flaches meeresglitzern
        Schrillender wellenlängen —
     o Gab es kein farbkorn,
        Keine faser licht,
                         die nicht
        In seiner aura mitschwang;
        Wenn etwas, wie ein salziger glanz
     o Die hand zum bücken
        Anzog, war es weil der
        Aus heimwehlicht
        Der erde schien —

        o   war aber immer nur

     Am eigenen aughaar
                      ausgesponnen — —

   o WAS IST UND STRAHLT ZURÜCK
      Sein flimmermal in
                      hundertfach
      Schürende augen?
      Ein tanzender angelstern

B: Hellrüchiges meldekorn
           Durch haargefässe
           Strahlender ionen
                        an ein geschwür
          (Irgendwo unterm zahn)
          Wo es die fistel schürft — —

A: Schrapnelle aus einspruch
    Und zwischenrufen, die weiterzünden —
    Sind häherschreie in einen wald
o Voll umeinanderschleichen
    Die ein pfeifen- und zeterkonzert empören,
    Einen himmel
               voll fegewinde
  Aus pfeilklang und verriss — —
B: Gebundenes jod
          Und silber
                    von hagelschützen
          In übersättigungen
          Anstehender wettermassen
o   Geschossen —
                      diese entbindend
          In tauschlag und ernteregen — —

A: Der staat
    Ist eine dohlenschule —
                    aufgestöbertes
    Schweimen der ganzen luft
    Und federschwelgen
o   soweit du siehst
    Einzelne stösserflüge
                    in deren flügelsog
    Schiessen die schwärme an —
    Schwärme von voten: jeder

Unter dem wimmellicht
Buntscheckender
                kuppellampen —

o Sternbild der feuchten kröte
   Mit warzen aus schwarzem diamant
   Und emerald — ein feuchtblatt
   Und struwelding, aus kükenflaum
   Und kecker bürzel unterm latz:
o Die Spannerin am seil

   Krümmt den paillettenleib,
                     die schlange
o Durch den schooss gezogen
   Im nesthang um den rumpf gelegt
   Ist auf der himmelfahrt
   Ans zelt — viermastenzelt
   Voll schweiss- und tiergeruch und
o   nippt
   An der verbotenen frucht..
   Die himmelsleiter
               tritt in das lot:
   Atlas am boden
o   stemmt
   Bockbeinig stiergenackt —
                  zu IHR hinauf
   Ein Tausendsassa und Jongleur
   Turnt Luzifer,
   Steht kopf am schaukelkreuz:

Eine schleppe von unterschlupf
Aus flugrausch und mitkrähn
Im tummel des zeitenwinds
Geschwenkt (tragende zaubermäntel
Nach diesem wind — von wem? — sich umgehängt) ..
Wenige meisterspieler
Gibt es am rand
Der billardtische:
Alle kugeln mit Einem stoss
Kannst du von solchen
Ins eigene rollen versprengt
Und wurbeln an ihre löcher sehn — —

B: Die die hormone sind,
    Spaltende stöbersalze,
    Die frachten des bluts entmischend —
    Zündstoff und proviant
    Aufruhrbereit, in arsenalen .. Wetterfronten
o   Durch influenz
    Schütten die klärsel aus
    In föhnschmerz und
    Muternde gliederschmerzen — —

A: An Einen speer gefasst:
   Turnierende fähnlein
   Auf aventüre-fahrt
   Durch einen schilderwald
   Voll drachengerüchte und
o   phantome
   Von hörensagen
   Umwobene strasseninseln — das jedes von jeglichem
   Die eigne parole
        verhört und
o Einander berennt
   Und den kniefall vor IHR verlangt
   Die aus nichts als dem namen
               der farbe besteht —
Oder berennt
     (gefügigen falls:

Ein huschtanz von ringen und koboldsflaschen
Rollt in der luft,

                dem er die langen finger
o Und verwischende griffe leiht ..
  Ein lachender engelsturz
  Hechtet ins trampolin
  Der weitertollt in volten
  Ein langes prickeln lang
o Und spreitet ein lichtrad
                aus wirbelspuren:
  Ein klöppelnder trommelstock
  Der sich selber den wirbel schlägt ..
  Hinsehn: der Überläufer
o   zieht voran:
  Den brand der klinge umgebogen
  Zum tor — und führt die wiederkehr
  Der tiere an: ins paradies
  (Um eine braune hostie,
o Das zuckerstück, von ihrer hand
                      verliehen) — aber

  Die grosse Jägerin
            ist streng:
                sie schreibt
o Die hohe schule vor —
                die garnende schlingenschrift
  Der peitsche
  Wendet die nüstern und lefzen ab
  Und um — in einen heischegang,
o   ein sarazenenspiel
  Aus lauter umweg und bewähren;
  Sich verneigende helm- und nackenbüsche
  Stricken verstricken sich
  In broderien der luft — sphinxende schleierspuren
  Hinter denen

Die parole noch höher steckt,
                    also von neuem sich
Berennt)..
          Burschen vom land, auf der Oktoberwiese,
o Der blauen blume nach
  Knallrot kokardenrot am rock
  Mit ungeeichten flinten und angelegt
  Auf ein reck voll tönerner zwingen
                    (derzeit:
o Staubfangende dauersträusse
                    in den kathedervasen)..
  Zur fragestunde:
                ein korps auf zeit
  Verschworener störenfriede
o Mit lichtblitz und gespitzten federn
  Ladet sich selber ein

                und gibt ein rügespiel — sich selbst
  Ein scheibenschiessen (die bude ist
o Ein heller bühnenausschnitt;
  Ein laufsteg voller komparsenbrüste
                    zieht dadurch:
  Man schiesst
      die orden und ämterketten ab) — —
B: Der Popanz
        Von fallenstellern
                  hervorgereizt..
        Auf umgekehrt
        Ein unser kinderspiel
o   Das auferstand: das ein päckchen voll naschwerk
        Von hinterm zaun bewacht und irgendwen
        Ersehnt,
            der's in die tasche stopft — den aber dann
        Verschreit — —

       sie sich entzieht . .
   Mag sie — der unband
         der radtanzt

   Mit allen winden
o   stampft
   Ein sprungbrett
      aus dem boden,
   Das ihn
o   auf die kruppen schnellt —

   Sie trotten

o   unterm tupfenden fuss
          dahin —

o Er sichelt
    die lassofelge

        unter sich hindurch
o Und fegt die luft —

      aber er ist
o Ein kavalier:

    er zwingt

      mit dem grossen zeh

A: Auf einer bergwacht —

                    nicht der Veden —

  Um einen klippenrand
  Gezeltet, aber nicht
  Der ewigkeit, vielmehr
o Die nächsten ärgsten: weder um
  Ein eigenes

            heil und noch heileres
  Schwanweiss und eremitenblau
o   besorgt
  Sondern um dich und mich
  (Du weisst auch das noch wohl: sie haben
  Dich aus der wand

            geholt
  Aus der verstiegenheit — und weisst
  Nicht einmal wer) — noch auch
o Die ewigen feuer hüten, aber
  Ein unersetzlicheres
  Schwingen- und edelweiss
  An einem letzten horst — —
B: Neues geläut — kein betruf, aber
      Warnend- entwarnender
      Tritonischer melderuf
      Von retterdiensten
      Mit löschsand und weisser bahre —
      Bahnt eine leit- und schweigerinne
o   Durch das gewühl
      Das antritt flankenweise
      Und sei es auch nur
      Ein wimperzucken

o   von ehre
                       erweist — —
A: Waldgänger, heutige drachentöter
  Der hydra der geburten an den leib
  Von kraal zu kraal
  Mit lehrbuch und skalpell

        Den elefanten
                      auf die knie
        Vor Einer und immer IHR — diesmal
        Die Immerlächlerin
o Im boaschmuck, die lächelnde zähne zeigt
        Im plüsch der ersten bank . .
                      Der rappe, spiegelrappe, bleibt zurück

        Funkelt mit bösem blick:

          o Ein grauer huf voll nücken
             Der die gedanken liest
                          und schurrt
             Zieht hehl um hehl hervor —
             Er steht erhöht
             Auf einer kinderschaukel
             Und hält die waage
             Des jüngsten gerichts im lot — —
o Was ist das letzte wort —
   Ende vom lied?
   ›Lirum und larum einerlei‹ —

   Die Zwei, im kellnerfrack
                      mit mopsgesichtern

   Blödeln ein nachspiel hinterdrein
o

   Das alle stimmen äfft:
                 ›*Eia popeia*‹
 ›*Saecula saeculorum*‹ im falsett
   Und heldentenöre —
                 ein fratzenlied
o Alles gewesenen, vertont
   Auf gassenhauer —
                    und tanzen stepp dazu

           Ein wölfendes organ
                         (nicht wegsehn, da ist
           Ein rogen menschen
                         im mikroskop
    o Ein stückchen badestrand von morgen) ist
       Zu überlisten — abzulisten vorderhand
       Um jenes andere
       Ein taschen-, empfängerding, das
       Die hecknacht verkürzt
       Und ohne die hungerwindeln mit geplärr
       Versieht — —
B: Hand Davids, unbewehrte
            Ferner und tödlicher
            Als diese bombe noch
            Sandte ein wurfgeschoss:
                         das bild
            Von einem steinwurf
                         um die welt
            Auf panzerwagen —
    o   Das auf den grund der augen sank
            Von wo kein wortschwall
            Kübel voll deck- und fahnenrot
            Es löscht;
            Es frisst wie rost
                         frisst unterm lack
            Und schuppt ihn ab,
            Die schuppen von den augen ab — —
A: Der schraubstock ist
   Ein münz- und prägestock —
   Der sklave münzenschneider hält
   Die feme über Rom
   Zwischen den zeilen der legende
   Ächtet ein stiergenick,
 o Einen despotenwulst in erz —
   Der das falschgeld der währung

   In bravostürmen
   Hinter die plane
   Schäkern sie arm in arm . .
o Da ist ein waisenhaus
          zu gast
   Ein leidensweg von krücken
   Gestiftete bänke voll,

o   ein kümmerwald

o Von schienen und räderstühlen
   Der verstümmelte glieder trägt —
          sie heben
   Entwöhnte augen auf
   Die nicht verstehn — —

o DER KEHRAUS HAT DEN RING GERÄUMT —
   Das haus ist unversorgt
   Und keiner geht —
      was tun?
  Macht selber,
     seht

o Einander zu:
     spielt Jedermann —
        jedes

        Durch ein goldkorn echtes
        Untergräbt — —

B: Ein schweigewink
        In farben
        Der bei den augen nimmt und
        In ein fühlern von mitgespür
        In vierteltönen
o   Versetzt — zieht neue saiten auf
        Aus schwingbar geübter nerve
        Und stimmt sie fein . . Es schien
        Nichts als ein heimwehvers
        Aus einem lieblingslied zu sein
              ›Kein mäuerchen, kein holz ist so geringe —
              Der himmel ist die seele dein —
              Mein leben um das deine‹
                        und war
        Jemandes nachtgebet der haft
        Zum hegefaden um
o   Ein kerkereck geschirmt,
        Das ein empörerherz voll brand,
        Aus untersten lagern gespeist, und
        Wundöl von augenmerk entliess, das über niegesehne
        Bündel von jammer
              glitt — —

A: DIE FEIERABENDE SIND LANG
    Die schatten wachsen mit —
                was ist zu tun?
B: Das bessere schützenspiel geht an —
    Tagtägliche silvesternacht —
                ein erstes aufgebot
    Der neuen land-, nein länderwehr
o   schwärmt aus:
    Jeder auf eigne pirsch
    Steckt sich ein ziel (da war

Des anderen bühne,

o   block oder
                                  gegenblock
Die die finger spreizen,
                    sich verschanzende gläser
Gegeneinander richtend . .
        Ein raumgewordenes
  o Vielzelliges insektenauge
      Gebündelter nervenenden
      Liegt auf der lauer
      Das in sich selber oszilliert . .

o Das A und O
        — auge und ohr —
                    ist vorderhand
Ein johlendes rundtheater
Das voreinander rümpft und die feige zeigt —
o Und sich beklatscht . .
Sie stehn von den plätzen auf — man hat sie eingeladen
›Ihr habt das wort, habt eine stimme jedermann‹
Sie balgen um den platz
                    am mikrophon:
Der Maulauf strunzt davor
o Und schüttet
        ein maul wie ein nachtgeschirr
In die gesichter aus;
            der Waldmensch wiegelt auf
Und röchelt ein rachenlied
Aus heiserem mundgeruch . .

Sie holen die suhlzeit nach
Eine spritz- und sudelschlacht
o Mit farb- und fingermalen
Alle leiber und wände voll . .
Hilf dir, spiel' mit auf deine art:

  Ein pulverturm von zeughaus oder tod-
  geweihter baum,
o Eine halde voll giftmüll, blutsaugendes schnörkeltier
  Von paragraph) und schiesst sich ein
  Mit flugblatt und anschlag, die
          zum sammeln rufen —
Aber behutsam:

o   jeder schuss
  Zielt
    nach dem apfel
        auf dem kopf
  Des teuersten schützlings — —
A: Dann aber auch:
  Auge — in oder um das auge
  Den loskauf auf den tisch gezählt;
  Ob oder unverneidet
       krall dir dein recht,
o Den klafter ewigkeit
       auf kurze pacht,
  Den man die musse heisst ..
       Der ablass ist

o Dein aderlass;

      ein roter sekundenstrom
Frondendes blut

  War dein tribut — das spiel ist wettgemacht ..
  Nicht einen handschlag mehr, sobald
o Der tagelohn,
     ein heimelnd haperndes wetterdach
  Für jedermann

        Die goldmacherkunst,
                komödiantenkunst
                          der augen
        Die an der iris rückt
        Die eigenen sinne überlistend —
o   den ausschnitt,
        Ein astloch

            von einem fingerkaro

                      über
o Ein kolosseum augen schiebt,
   Die kriechende austernbank,
   Ein sudelfeld voll kritzelein,
                das turnerfeld
   Bis an den horizont —
             und spann für spann

o Das meisterwerk
            ernennt,
   Den Genius
        der
           Ironie
o Am werk —
   Und in (wenn die lichter ausgehn)
   Ein knirschen im gestühl
   Oder ein weniges

        (wie du als kind)

o Knisterndes naschpapier

                vertieft,
   Koboldiges kichergeräusch:

        auf einen winter reicht:
Urfehde, sichellege —
Hohe und höchste zeit . .
    Ein halo
        aus kariertem licht
o Der grösser als die lücke war
  Trat in ein flett aus planen und
  Hielt über tisch —
        eine weisse oblate
  Brennender salze war
  Der ganze herd — —

B: Nichts von verdient und abgedient
   Noch wettzumachen; denn
        das ziel
   Ist nicht ein jüngster tag,
        der käme wenn . . Vielmehr
   Ein schalttag, eine schaltminute
   In den tag geschaltet (wo man
o   das ungetane
   Für eine rast
       verschweigt und
        es versieht — dessen
   Sich selbst versieht —
o Dann weiterkarrt; nun aber weiss wozu) . .
   Der Siebente Tag
   Ist in den tag verteilt
        wie ein ferment im brot.
   Sein stück
     ist ein stegreifspiel — und ausgeübt
   Indem geübt;
     notdurft
o Ist szenerie,
     kein mangel — anforderung
   Der kunst:
     die probe
        ist schon das spiel — —

                              die haruspizien
            Der räusperstille, auf ein quillen von ursprung,
            Schiere begebenheit
            Die so nicht wiederkehrt
o   behorcht —
            Auch dort noch
            Wo das halbtier
                           sich flöht und bohrt
            Den grossen Spieler unterstellt —
o

                                    zur not
            Mummenverschanzt

o Die eigenen schergen
                           und kerkermeister

                                       in
            Sein pantomimenstück verhext:
o Ein guckloch
                    mit bewimpertem logenrand
            In seine zellenwand gesprengt,
                                    vor dem
            Ein götterschwank ergeht..
o Horch zu, es sprengt
            Von anderthalb
                    entgegen — entspringt von allenthalb:
            Es quillt die gänge ab
            Mit zornigen schrammelschlägen
o Und geht durch die banden,
            Nimmt die manege ein;
            Sie machen front nach rings
            Zum sternmarsch auf umgekehrt
            Der auf der stelle tritt —

            Ein arsenal im rücken

A: Und ist
    Auf ein grösseres spiel
    Das sich selber spielt, gesetzt:
    Ein wettspiel sich verschiebender orte —
    Jeder zug ist ein wurf auf eis
o Und mit jedem treffer treibt
    Die taube
           weiter hinaus

    Und stempelt sich selber überholt — —
B: Jeder wurf ist ein sandkorn im glas
    Der uhr — alle körner gehn
                       in den einen punkt:
    Ameisenjäger Zeit
    Rieselt die trichterwand
o   um dich herum —
    Du kannst nicht aus dem krater fliehn ..
        Sieh näher hin: das ist
        Ein stadion,
                  ein steinernes ringtheater —
    o Hallige mauerschalen,
       Ein buchtrand kolonnaden
       Um einen schlüsseldorn —
                     hast du's gedacht?
    Sankt Peterplatz; und dort
o Gütlichen falls:
              rang seite, tribünenplatz
    Hinterster reihe,
             die sünderbank
    Von dazumal —
o   die unverbaute tür,
    Ein fünftes siebentes konzil
    Erwartend,
    Um wieder einzutreten
    (Ins Pantheon
    Der eingeholten gräber um
    Ein chorgestühl

Das den schall verstärkt —
Auf das phantom
                    der gegenfront . .
Ein prangendes lachgebiss
o
Geht durch den kreis

Mit dunkelhäutiger
Geschmeidigkeit — er gibt aus den knieen schwung
o
Und stocht

              ein doppelchöriges
o Hin- und herüber sich
Befeuern . . Sie klatschen mit —

o   es schaukelknirscht

In den tribünen:
Gib nach — zuhörends miterwärmt —
Ist kein entrinnen —
                    rinnende wärme
o Flutet das zelt . .
Es bordet hoch zurück
                    die bänke abwärts
Mit wolligen schüttelmähnen
Und schlägt in ungetrenntem
o Singsang und lallgesängen
Über dem kleinen deck
Zusammen . . Ein schwimmender schall-
Und plankengrund —
                    lebender unterschlupf
Aus wohlgefühl —

      voll aller farben:
    Scharlach-talart, brahmanengelb
    Und samaritergrau) — —

A: DENN DAS, WONACH —
 Was war noch das, wonach
 Die reise,
    kauffahrt um die welt
 Vom boden ab und in
o   das blaue stiess
 (Nur um ein korn von nachgewürz
 Von wo der pfeffer wächst)? . . Die Argo schob
 Das ufer vor sich her —
     ein seegesicht
o Vom Nirgendland, das stillehielt
 Sobald sie anker warfen . .
 Irgendein uferstück,
 Das immer nahe war —
     am Walchensee
o In dem geliehenen boot, du selbst
 Das grüne licht verfolgend, dich
 Hinabversinnend,
    die unterwasserfelsen abwärts
 Und eingesponnen
 Vom schwalbenziehn, das sich versammelte
 Nachsommertags —
B: Wo jemandes seele
     sich, leise angetan
 Mit ihrem grab versöhnte —
 Welches zu wem geworden:
     federgewölk
o Und südlicht im bering der hänge
 Verlangsamte minuten lang
 Aus kreisung der luft
 Und von der kahnspur unterwellten laubs
 Im nachtraum des sommerwinds
 Ohne wohin . .

      und glockentier
  Das nur das eigene läuten hört —

  Schwalmt durch das meer —
  In nüchtergrell, solang du draussen bist —
o Sie haben ein schlüsselkorn und das
  Von dem verbotenen kelch genippt —

  Und du bist eingelassen — summend
  Heisser kelch voll bienen —
         ein liebesschwarm
o Um seine königin
  Ländert die weite aus,
  Eine zone aus lockrauch und flügelschlägen
           um sie herum . .
  Rädernde wogenkämme
       durch dich hindurch —
o Mit leuchtkonturen einander
  Durchdringende kuppelfirste,
  Riesenräder und raupenbahnen —
  Wo bist du fledermaus, kleinkleiner ichton,
         echoton
  In den geweideschluchten —
o Sieh hinters licht:
  Ein farbenkarussell
  Dreht den palettenkreis
  Vor seiner quelle um — und breitet die pfauenfedern,
  Verzogene lichterschlangen,
o Konfetti
    aus schaumlicht
        oder Laurentius-tränen —
  Und läuft sich aus . .
  Die Eine grellende kugellampe und um sie her
o Ein steigender tanzrauch
  Aus flugstaub und fiedersonnen tritt hervor —

A: Spätlicht im rücken —
   Man sah, wald-ein geleuchtet
                             in breite kaulen
   Der halbnacht, grasende sprenkel
   Vom abendstrich
o   der wellen
   Die lagen
            des buchenlaubs flach untersonnt..
   Die augen
            legten die hände um den mund
   Und sangen den augenpurpur —
B: Ein zwiegespräch in farben
   Das eine lichte weite
   In ein flammeninneres
                    verschmolz —
   Einen träumenden augball
                  zum tiegel des augenblicks..
o Bilderndes farbenlicht
                wie glasfluss
   Und iris
       klöppelt ein lichtgewirk
   Von netzwand zu netzwand
   Mischender waben —
A: Einen umraum voll webendes:
   Vorm ockergrund
   Sich verschiebende riegel
   Aus ried und hängelaub,
   Lautloses voreinanderübergleiten
o Und schwenken weisser vögel
   Durch rückendes streifengewölk, in ruderspannen..
   Ins neuland der sekunden, auge vor auge
   Auf den fersen der eingeholten zeit
   Ein abspiel aus veränderungen
o Auf nichtmehrwiederkommen
   Zeile um zeile mitzulesen —

    Es graupelt
             ein sinkstoff
                        von krusten ab —
    Und lischt . .
o Sieh dennoch weiter hin:
    Was leuchtet nach? Ein zäher orakelguss
    Ist in den tiegelgrund gesenkt,
    Gärt hinterm lid

    Und rührt die schichten auf —
o Ein dunkelfeld
             voll aureolen
    Das weitermalt
             in gegenfarben:

o Morgenweiss

                abendlichblau
    Tanzendes lamm

                in der ostersonne —
o
    In dich geblendetes

    Zyklopenauge

    Von schwärzen und purpur
                überwellt — — —

So unterm nesselbrand
Der geriebenen sinne sich ab —
In das andere nun zu blättern — —

B: Einen bootsrand voll finderkerben
Versunkener glocken
Vor sich entlang geführt,
So über jedem ort
Es läuten hören . .
Was leuchtet auf?
o Seltsame heiligenscheine
Der brechung
            um deine ruderschatten
Sind immer mitgefolgt und leihn
Einem schatten der wiedergrüsst
Die geschulterte diskusscheibe — —
A: Schäm dich, Narziss —
Sammle die fäden ein:
Spinndüse weberschiff das boot, dich weitertreidelnd
Auf einer mittelspur
o Richtet ein abendrot
Sich bräunendes segel auf,
Am lichtseil des sonnenstands
Fortwährend mitgewendet
Am steigenden schattenarm gerefft —
Ein helles segment,
o Eine durchsonnte webe
Im aufriss der wimperzone
Aus flügelspuren
            einer libelle
Die von der stelle rückt
            in zickzackzügen
Und tremoliert — — —

HINWEISE

1. LITANEI (Seite 7)
Drei Abläufe sind ineinandergefügt: eine sich weiterlautende Kette verwandter Wörter; die Einzelverse, wozu sie erweitert sind; alsdann die Folge der eingerückten Strophen.

2. SEQUENZ (Seite 11)
Um ein Mittelstück III sind die doppelten Seitenteile I–II und IV–V angeordnet, die in spiegelbildlichem Anklang zueinander stehen.

3. TERZETT (Seite 27)
Die drei Stimmen sind auch ungefugt lesbar: als Dreigespräch in ununterbrochenen Strophen, die in der Reihenfolge der hervorgehobenen Einsätze abwechseln.

4. PARTITA (Seite 41)
Die Worte sind in räumlich erweiterter Syntax zu Lesewegen in mehrerlei Richtung angeordnet. Im Sinne des jeweiligen Stoffes ist seine Mehrdeutigkeit in einen geometrischen Satzbau von mehrfacher Verknüpfbarkeit übersetzt.

Tafel I lässt eine Art Fixsternhimmel von Wörtern zu wechselnden Sternbildern oder Satzgebilden zusammenfassen.

Tafel II: Aus einem fortlaufenden Grundtext treten wechselnde Lesarten hervor, je nach der Zusammenfassung durch gemeinsamen Schriftgrad oder Zeilenstand.

Tafel III: Ein paar durchgehend lesbare Sätze sind zu Kolonnen und Zeilen abgesetzt, die je nach der Zuordnung Teile von Rahmen sind oder das Eingerahmte, im Sinne des Ausgesagten.

Tafel IV: Ein erster Durchgang beginnt unten links und durchläuft nacheinander von unten nach oben die drei Kolonnen. Er liefert das Thema, das variiert (umgekehrt, gekreuzt oder versetzt) wird, indem man von oben beginnend, auch über die Spalten hinweg oder in freier Bewegung liest.

Tafel V: Zwei einzeln lesbare Spalten treten, über den Zwischenraum der Nische hinweggelesen, zum vollen Wortlaut zusammen.

Tafel VI: Ein primärer Ablauf in getreppten Zeilen gabelt und kreuzt sich zu mehrfachen Lesefährten, je nach der Verknüpfung der Staffeln. In der Horizontalen sind weitere Durchblicke angelegt.

Tafel VII: Über die waage- und senkrecht gekreuzten Zeilen ist ein eigner Zusammenhang in größerer Schrift gelegt. Durch den Wechsel der Schichten bieten sich vielfache Durchgänge an.

Tafel VIII: Innerhalb der einzelnen ›Gesätze‹ meint das Kreuz eine Leseweiche, bei der die Zeile sich wechseln lässt. Auch die gemeinsame Schriftart zeichnet mögliche Abfolgen vor. Auf dem grösseren Schachbrett lässt sich ähnlicher Weise im ›Rösselsprung‹ verfahren.

Tafel IX: Die hervorgehobenen Inworte oder ›Mesosticha‹ in diagonaler Richtung sind als eigene Sinnschicht zu lesen, aber auch in Verknüpfung mit den waagerechten Zeilen, die aus ihnen entwickelt sind. Dies alles in der Folge der drei Kaskaden oder beweglich durch neben- und übereinanderliegende Gruppen.

5. PENTAGRAMM (Seite 55)
Jedes der Stücke enthält ein abgewandeltes Gedicht im Gedicht, mithin drei mögliche Leseweisen.

6. ANTIPHON (Seite 61)
Der bezeichnete Wendepunkt (Seite 64) trennt zwei einander entsprechende Wechsel, mit sich vertauschenden Rollen im zweiten Durchgang.

7. SONATE (Seite 69)
Ein Thema wird exponiert: zeilenweise zu Strophen entfaltet; nach diesem ein Gegenthema. Eine erste Durchführung in Strophen geht aus der Kreuzung beider hervor. Die freiere zweite führt zur Reprise, die Thema und Gegenthema vereinigt.

8. STANZEN (Seite 79) und
9. KANZONE (Seite 87)
Ein Dreistrophenmuster durchläuft verschiedene Stoffe und schafft eine Folge von Stationen, die analoge Dreierverhältnisse zeigen.

10. BALLETT (Seite 101)
Zwei Durchgänge mit einander entsprechenden Formen und Stoffen färben und werten einander um; sie stecken die Spanne für ein resultierendes Drittes ab, das aus dem Durchgang der Gegensätze hervorgeht.

11./12. DOPPELKONZERT (Seite 147)
Jeder der beiden Stränge ist ein unabhängiger Ablauf und zunächst für sich alleine zu lesen; alsdann auf dem Hintergrund des anderen, der ihm strophen- und zeilenweise als Gegenbild unterlegt ist oder mit ihm Verbindungen eingeht.
Anzustreben ist die vollendete Zweistimmigkeit, die das Mit- und Gegeneinander verfolgt und etwas Ausgespartes zwischen den Gegensätzen hervorgehen lässt.
Die vorgesetzten Kreise bezeichnen gegenüberstehende Zeilen; einem Kreis auf der linken Seite entspricht auf der rechten ein gleicher oder das A oder B eines Sprecherwechsels.

© 1972 by Delp Verlag, München
Delp-Druck, Bad Windsheim
ISBN 3—7689—0102—5
Printed in Germany